Die Nachteile von Menschen

Gereon Klug

Zum Scheißen reicht's

16 Rezepte von A–Z

GEREON KLUG

DIE NACHTEILE VON MENSCHEN

132 Beschädigungen aus dem reflektierten Leben

Deutsch von Gereon Peter David Leonard Klug
Mit einem Vorwort von Jan Weiler
und Zeichnungen von Carsten Meyer

© Ventil Verlag UG (haftungsbeschränkt) & Co. KG,
Mainz 2023. Alle Rechte vorbehalten

 In Kooperation
mit Tapete Records

1. Auflage Oktober 2023
ISBN 978-3-95575-210-1

Lektorat: Heiko Arntz, Gunther Buskies
Cover, Layout und Satz: Oliver Schmitt
Cover »Zum Scheißen reicht's«: Galia Kodsi
Druck und Bindung: maincontor

Ventil Verlag, Boppstr. 25, 55118 Mainz
www.ventil-verlag.de

Inhalt

Vorwort **7** Heute, Mittwochmorgen **14** Die Nachteile von Menschen **16** Die Nachteile von Tieren **18** Feelingsgefühle **19** Wie heißt das bloß ... **20** Der neue Axl Rose **21** Hamburg, 6. 4. 2032 (dpa) **24** Die neuen Erwachsenenpuzzle sind da! **26** Time is the Masterin **27** Mit Ei versucht, was Leiden nicht schaffte **29** Pressemitteilung Golden Pudel Club **31** Brief an Mensch **34** Unser Deutscher soll schöner werden **35** Liebe Eselsohren des Buch Gottes **37** Die Natur hat immer recht **39** Geschenktipp **40** Bürohumor **42** Das Original **43** Das Comeback **44** Das Buch von der Kundschaft **46** Die tägliche Sackgasse **48** Liebe politisch Interessanten **49** Heute geht's um Vinyl! **50** Ironie ist die Waffe der Meinungslosen **54** Liebe Hidenseeler, Sylter und Berliner **57** Die 10 besten Stellen bei der Rede von Ben Becker vor den Böhsen Onkelz 2014 **58** Thema Musik **60** Hallo, ihr Astronautinnen und Kosmonauten des Landes **62** Eine Band **63** The first cut is the Beatles **64** Kundenbestand **65** Die unwichtigen Fragen der Woche **67** Sängerkrieg der Blasehasen **68** Welt im Bild **71** Hallo Pilger:innen! **72** Pfannenfertig **74** Dialektik in Hektik **77** Krankheit als Weg **78** Tipps für die heiße Zeit **81** Fantasie ist wie Beton **83** Das Mensch ist die beste Hund von Tier **84** Arme Beine **86** Geschäftsidee **88** Mails **89** Was macht Jochen Distelmeyer eigentlich so? **90** Neumännlich **91** Freie Gegenrede **92** Die Nachteile von großen Bands **94** Eine kleine Sommergeschichte **96** Na, Metropolinskis! **97** Nach seinem 7. Platz in den deutschen Charts: Was DJ Koze als nächstes schafft **98** Im Flow **99** Wenn Affen whoo-hoo singen **100** Freitagmorgen, kurz vor 11 Uhr **104** Die neuen Urlaubs-Challenges sind da **106** Die Nachteile von deutschen Bands **107** Nochmal das Thema Musik **109** The Detectorists **111** Eine Frage an dich als Mensch **113** 1. Kapitel Eckart **114** 2. Kapitel Eckart **115** 3. Kapitel Eckart **116** 4. und letztes Kapitel Eckart **118** Eins von beiden **120** Kaffee, hell wie Tee **121** Liebe Wasserflöhe! **123** Der Goldene-Handschuh-Film **124** Die 10 »Wieder da«-Regeln **125** Bücher **126** Liebe Youtubbies **127** No Spam **128** Brief an einen Vertrieb **129** Hallo aus Hamburg **131** Das Rolling-Stones-Konzert **132** Aktuelle Gedanken des Mannes K. am Tresen **133** Dreimal: Glückwunsch! **134** In da Natur **137** Die neuen Specials **138** Das Leben als Schallplatte **139** Dinge **141** Hahahaha! **144** Was man alles nicht mit Raritäten machen sollte **145** Die Nachteile von Vorteilen **146** Kolumnisti **147** Die 10 bizarrsten Gerüchte über Heinz Strunk **148** Geehrte Weggefährten **149** Gedanken zu Jochen Distelmeyers Platte »Gefühlte Wahrheiten« **150** Boy Division **151** Gitarre **159** Die Nachteile von Gitarristen **160** Das Kamel des Pop **161** Musik, was ist das eigentlich? **164** Lebenskniffe (formerly known as Trick 17) **165** K. **166** Die kommen die Platten **168** Herbstdepressiver aufgepasst! **169** Das Meeting **171** Gereons internationaler DJ-Promotext **173** Taylor Swifts vergifteter Apfel **175** Guten Tag **178** Wer teilt sich den Reim auf Not? **179** Werte Kulturellis **183** Die aktuellen Essens-Meldungen der Woche **184** Liebe Auto-Motor-und-Sport-Newsletter-Abonnenten **186** Fragen zum Urin **187** Statt Stille **189** Die Elbphilharmonie **190** Hallo Bücherfreaks **196** Stempelkuss **197** The three Pauls **199** Hallo! **204** Newsletter I **205** Newsletter II **206** Newsletter III **207** Newsletter IV **208** Der Odem des Seins **209** Die 10 Vorteile von Kids **210** Anruf bei Gott **211** Er **212** Die 10 klaren Vorteile von Konzerten **213** »Black Friday«: Was wir bisher wissen **214** Geradeaus **218** Dasselbe Denken **221** Zeit, um Stellung zu beziehen **222** Porepp – Das Foto **224** Porepp – Die Frau **230** Die Unglücksformel **234** Älter, aber Fidel **236** Liebe Hobby-Atheisten **240** Service **241** Die Nachteile von Geld **242** PS: Carsten the Meyer **245** Gereon Klug **247**

Vorwort

Gereon Klug entstammt einer Familie aus Wissenschaftlern, Schamanen und Leistungsdenksportlern. Sein Onkel Sergei zählt zu den Pionieren des abstrakten russischen Realismus, seine Tante Mareike erfand das Käsemesser. Seit Jahrhunderten ist es immer wieder ein oder eine Klug, die das europäische Geistesleben oder den Alltag von Menschen aus allen Epochen seit dem achten Jahrhundert mit blitzgescheiten Ideen und scheinbar absurden, aber lebensnahen Gedanken auf das Erquicklichste bereichert haben.

Denken wir an Klaus Klug und seine schwatzhaften Heringe auf den Jahrmärkten Frieslands im neunzehnten Jahrhundert. Oder an Berta Klug, die während der französischen Revolution gerne vorlaute Adlige mit der singenden Säge zerteilte. Oder an den Psychotherapeuten Modest Klug, der nicht wenige seiner Patienten vor dem Selbstmord abhielt, indem er ihnen vorspielte, dass das Leben ein einziger Witz sei, über den man bis zum natürlichen Lebensende lachen kann.

Das alles könnten Vorbilder für Gereon Klug gewesen sein. Sind nicht Deichkind die legitimen Nachkommen jener schwatzhaften Heringe, mit denen Klaus von Markt zu Markt tingelte? Sind seine schmerzhaften Sottisen über die Mächtigen nicht so etwas ähnliches wie Bertas Säge? Und hat er nicht etwas von Modest, dem heilenden Lacharzt? Sicher ist da etwas dran. Aber niemand dürfte Gereon Klug stärker geprägt haben als Chlodwig Klug, der im zwölften Jahrhundert als Hofnarr und Häretiker wirkte und bloß deshalb wenig Spuren in der deutschen Kulturgeschichte hinterlassen hat, weil er sehr früh starb, nämlich noch vor sieben Uhr morgens und zudem an einem Sonntag, weswegen Influencer und Berichterstatter noch schliefen und es versäumten, ihn gebührend in schriftlicher Form zu würdigen. Manchmal sind es diese kleinen Dinge, die den Weltruhm verhindern. Oder zu großen Karrieren verhelfen. Beispiel: Hätte Elvis Aaron Presley seiner Mutter eine Schachtel Pralinen statt einem selbst aufgenommenen Song geschenkt, gäbe es heute keine Elvis-Imitatoren mit Hochzeitskapellen in Las Vegas. Aber ich schweife ab, eine Kunstform, die Gereon Klug übrigens wie kaum ein anderer beherrscht. Bei ihm besteht ungefähr die Hälfte seiner Kunst aus ins thematische Abseits führenden Gedankengassen, in denen sich Thunfisch und Schattenmorelle Gute Nacht sagen. Aber das führt zu weit. Was die andere Hälfte von Gereon Klugs Fertigkeiten darstellt: Immer weiter zu mäandern und uns an diesem Flow von Ideen teilhaben zu lassen. Abschweifen und dann weit treiben lassen: Was für ein schönes und freies Konzept das ist.

Klug kann das, weil er niemandem und keiner Form verpflichtet ist. Er darf das, weil er sich selbst beauftragt in seinem Newsletter und nicht weisungsgebunden für irgendwen oder irgendwas in die Harfe greift. Das ist heute sehr selten geworden und übrigens ebenfalls ein Erbe des mittelalterlichen Chlodwig Klug, der damals an mehreren Höfen nacheinander als Hofnarr und Häretiker wirkte, manchmal nur kurz, weil er das Kunststück fertigbrachte, sowohl Könige als auch Knechte abwechselnd zu unterhalten und zu verärgern. Entweder er wurde von den Regenten verjagt oder von den Untergebenen verdroschen, was ihn nicht weiter verdross. Es bestärkte ihn jedenfalls mehr, als wenn er von allen mit Gold und Lob überschüttet worden wäre, was ja immer auf eine gewisse korrupte Gefallsucht hinweist.

Gereon Klug wird seinem Ahnen Chlodwig schon sehr gerecht, auch wenn man ihm dessen Ende nicht wünscht. In manchen Schriften über Chlodwig – sie sind nur in Bibliotheken zugänglich, im Internet findet man das gar nicht – wird berichtet, er sei auf dem Scheiterhaufen verbrannt worden, aber das entspricht nicht ganz der Wahrheit. Vielmehr hat es sich so zugetragen, dass er mit dem Scharfrichter kurz vor der Hinrichtung darüber stritt, wie man bei einer ordnungsgemäßen Menschenverbrennung Reisig, Grillanzünder und Fidibusse im richtigen Mengenverhältnis korrekt einschichtet, um einerseits das gewünschte Ergebnis und andererseits eine kosteneffiziente Exekution zu erhalten. Um zu beweisen, dass er mehr Ahnung davon hatte als sein Henker, übernahm er die Vorbereitung selbst und zündete den Haufen auch eigenhändig an, der dann ausgesprochen professionell abbrannte, wie Augenzeugen nicht ohne Bewunderung vermerkten. Dazu passen auch die letzten Worte von Chlodwig Klug, die da lauten: »Die scheiß Streichhölzer bringen's nicht, hat mal einer einen Crème-brûlée-Brenner?«

Nichts von alldem ist wahr, natürlich. Aber so könnte es sich lesen, wenn man Gereon Klugs Buch liest und sich Gedanken darüber macht, woher der Wahnsinn bei ihm wohl kommen mag. Dann macht man ähnliche Kurven wie er sie hier und da mit Leichtigkeit nimmt. Und kommt trotzdem nicht dahinter, wie Klugs Kunst genau funktioniert.

Sie besteht in einem immerwährenden Fluss von Ideen, manchmal nur in die Tastatur geklappert und ohne jeden Zusammenhang als Einzeiler serviert, manchmal länger, ausgedachter und feiner. Natürlich ist es von Wert, dass Gereon

Klug ziemlich viel Ahnung hat von dem, worüber er schreibt. Musik zum Beispiel. Er versteht davon so viel wie Chlodwig vom Entzünden eines Scheiterhaufens und er schreibt gerne darüber, ohne je belehrend zu wirken. Das liegt daran, dass er weiß, dass ein Song in zweieinhalb Minuten das Leben eines Menschen verändern kann. Ein Text darüber sollte nicht länger sein, sonst nimmt er dem Lied seine Wirkung. Gereon Klug ist das Musterbeispiel eines Experten: Weiß alles, kann darüber berichten, langweilt nie.

Die hier vorliegenden Texte sind unveröffentlicht oder stammen aus seinem Hanseplatte-Newsletter, in dem er neue Produkte aus deren Shop sowie sprunghafte Gedanken dazu und zu allem Möglichen präsentiert. Dann enthält dieses Buch natürlich seine Kolumnen für die ZEIT und Texte für andere Auftraggeber, die das Glück hatten, von ihm mit seinen einzigartigen, manchmal kruden und immer lustigen Texten beliefert zu werden.

Wie er das macht, ist mir ein Rätsel. An einer Stelle gibt er Tipps, wie man sein Karma verbessern kann. Einer lautet: »Jedes Tier, dem Sie begegnen, sieht aufgeblasen anders aus. Malen Sie es!« Das ist albern. Aber es könnte trotzdem gut sein, dass es mich weiterbrächte. Es ist immer nicht ganz ausgeschlossen, dass Gereon Klug einfach Recht hat, besonders mit den scheinbar absurdesten Aphorismen. Und manchmal sind sie wirklich sehr sehr schön. Wie dieses Ding hier:

»Für alles gibt es das richtige Flüssige!
Für alles!
Für Fische gibt es Wasser (zum Ficken).

Für Kinder gibt es Schnodder (zum richtig Kindsein).
Für Teenager Bushauche (zum Herz- oder Pimmelreinmalen).
Für Ufer gibt es Flüsse.«

Bushauche! Es ist sauschwer, so etwas hinzubekommen. Und dann noch in dieser Schlagzahl. Unbegreiflich. »Fantasie ist wie Beton« schreibt er an anderer Stelle. Und es stimmt: Das leichte, flüchtige, zarteste ist am Ende am härtesten in der Herstellung.

Aber bei ihm scheint das so leicht zu sein. Vielleicht ist es das für ihn ja auch wirklich. Ich wünsche es ihm. Dafür spricht, dass Gereon Klug so ein wandelbarer Künstler ist. Er hat das erste kochbare Kochbuch erfunden, als wohl einziger Autor mal was für die »titanic« *und* das »Handelsblatt« (unter Pseudonym) geschrieben, das Musical »Der König der Möwen« kreiert, Kinderbücher herausgebracht, zwei wunderbare Plattenläden gegründet und es wurde ihm die große Ehre zuteil, von Harry Rowohlt übersetzt zu werden. Und zwar nicht vom Englischen ins Deutsche, sondern umgekehrt. Das hat außer ihm meines Wissens niemand geschafft.

Wie dem auch sei. Gereon Klugs Textsammlung ist eine Offenbarung an geistvoller Unterhaltung. Man wünschte sich, der Mann würde sich jetzt mal zusammennehmen, Urlaub nehmen und dann über die Langstrecke gehen. Oder anders gesagt: Gereon Klug ist der einzige Autor, von dem ich mir den großen deutschen Wenderoman wünsche.

Los! Raus mit dem Schinken!

Jan Weiler

WAS MEIN LEBEN REICHER MACHT

Von »Zeit der Leser«-Redaktion 23. März 2014 um 12:00 Uhr

Wenn der Tankwart genervt ist von den ganzen Fliegen, die an der Scheibe kleben, er sie aber sauber machen muss, und er dann sieht, dass von innen ja auch der ganze Samen hängt, weil SIE mal mitgefahren ist mit ihren tollen Möpsen, die so groß sind wie die von Queen Mum als sie noch keinen Dutt im Schritt hatte und sie dann dir einen abgelourdet hat, weil du sie gefragt hast »Wetten, dass mir einer abgeht bei 198 km/h« und sie beim Schnellerwerden immer »Komm bittte über 200, bitte komm über 200!« sagte und dann der Tankwart sagt, das mache ich aber nicht sauber und Du so gönnerisch: »Ist echt okay, Sportsfreund!« Das macht mein Leben reicher.
Gereon Klug, Hamburg

Jetzt ist das auch schon wieder 10 Jahre her, dass mein Versuch, diese unsägliche ZEIT-Rubrik durch einen Sexismus zu zerstören, keinen Erfolg hatte.

Heute, Mittwochmorgen

Ich will meine psychischen Batterien aufladen und gehe auf den Markt. Also auf einen hauptsächlich an Obst und Gemüse orientierten, zudem mit zwei Fleisch-, einer Fisch-, zwei Käsebuden und Gewürzstand wie Eierhuhnmann ergänzten Markt, diese Art von Markt. Mein Ziel ist, von der irre gesund aussehenden und immer frisch gelaunten Standbedienung eine gute Dosis Karma und Positivität abzugreifen. Auf den Draußen-Märkten sehen die Mitarbeiter immer dreimal so propper aus wie im Biomarkt, warum auch immer. Hier wohlgenährt und fröhlich lebensbejahend an der Luft, dort im korrekten, aber öden Ladenlicht verhärmt und freudlos den Tofu vor sich hin räumend. Nirgendwo sehen Menschen so krank aus wie im Biomarkt, nicht mal beim Urologen. Ich also für Obst immer nach draußen, da hat man richtig was von.

Der Obstmann erklärt der Frau vor mir die Schmorgurke. Ob sie denn wisse, wie man die zubereite? Dafür müsse man nämlich wissen, wo bei der Schmorgurke oben und unten ist. Wieso das denn, fragen die Frau und ich gleichzeitig, denn wir sind von der uns umgebenden Frische und agilen Gesamtstimmung wissbegierig und offen. Weil man die Schmorgurke, wenn man sie schneidet, von oben nach unten teilen müsse, sonst würde sie bitter. Bitter?! Oha! Nie gehört davon! Ist das wahr? Sagenhaft! Die Information wird umgehend allen um uns rumstehenden Leuten kundgetan, spontan bilden sich mehrere Schmorgurken-Workshops und das Symposium »Bitteres Gemüse«. Man verlangt nach einem Messer, um das Gelernte auszuprobieren. Dicht gedrängt umringen uns nun Hausfrauen, IT-Spezialisten, Optikerinnengatten und Müßiggänger, also alle Bestandteile des ganzen Volkes, wir schließen niemand aus.

Von ganz hinten wird ein Messer über die Köpfe gereicht. Laute Jubelschreie in Erwartung der Schneideprobe, gleich wird das neue Wissen angewendet werden! Hunderte Augenpaare verfolgen nun die Aktion an der Schmorgurke, nein, an zwei Schmorgurken. Unser inzwischen auf Insta als »#Bitterman« zum Star gewordener Obstverkäufer teilt eine von unten nach oben, die andere von oben nach unten, um kleine Stücke von beiden unter uns, seinen neuen Fans, zu verteilen. Begeistert wegen der erwarteten Geschmacksspendelei von bäh bis spitze greifen wir zu und schieben uns die Schmorgurken in die Münder.

Unter die zahlreichen »Genau!«- und »Ist ja irre!«-Ausrufe hochschwelliger Nahrungsästheten mischen sich zwar auch ein paar »Schmeckt doch gleich, häh?«-Mäkler, aber diese werden umgehend mit gezielten Fußtritten zwischen die Augen auf Spur gebracht. Stumpfheit und diese verdammte Egalhaltung der gestopften Bessermenschen werden von uns nicht geduldet. Sollen die doch Gewürzgurken fressen, die mit Silberzwiebeln in Essig schrumpfkrüppeln und Spreewäldern entrissen wurden. Die sollen mal klar kommen. Sensibilität ist keine Einbahnstraße, da muss was zurückkommen.

Wir feiern den Obstmann so hart! Ich habe niemals in so kurzer Zeit so gute Laune bekommen wie vorhin. Vielleicht können Sie, ja Sie als nun durch dieses Ereignis aufgeladener Mensch, davon etwas abknuspern und auch wieder bessere Stimmung bekommen?

Ich würde es Ihnen wünschen, denn Ihre Lebenszeit ist identisch mit Ihrem Leben.

Die Nachteile von Menschen

WEISSE: Haben eine zu leichte Geburt.

KONSUMENTEN: Wollen kritisch sein, werfen aber bei einem einzigen Logarithmus alles über Bord.

KLUGSCHEISSER: Korrigieren Logarithmus in Algorithmus, das ist ja wohl gemeint, oder wie, was? Ja?

HANDWERKER: Gas, Wasser, Scheiße. Mit Betonung auf Scheiße.

FRAUEN: Besitzen 51 Prozent der Menschheit, machen wegen 49 Prozent zu wenig draus.

BESOFFENE: Sehen doppelt, gehen gezockelt, fühlen entkoppelt, wirken bedröppelt.

MÄNNER: Finden Schweine gut.

SCHWULE: Finden Männer gut.

PSYCHIATER: Finden sowas interessant.

TEENIES: Ungenaue Lebensführung: Als Kind überreif, als Erwachsene noch zu grün.

BANKER: Man sieht sie nicht, wenn sie traurig sind.

ELTERN: Alles andere Leben erscheint ihnen trivial.

KRANKE: Liegen allen auf der Tasche und sich wund, »danke«.

SOLDATEN: Job ohne Zukunft mit Zukunft, schizophren hoch zwei.

PUNKS: Haben Widerstand alles genommen, selbst die Würde.

SCHWANGERE: Jeder weiß es, aber keiner sagt was, weil sie schwanger sind.

VERLIEBTE: Unerfreulich monogam.

NORMALOS: Mehrheit einer Minderheit von einer Mehrheit, geht's noch komplizierter?

RAPPER: Null Geduld beim Warten auf die nächste Silbe.
KEYBOARDER: Verharren in Schwarz-Weiß-Denke.
APOTHEKER: Perverse Sippe: Sehen gerne Pferde vor ihrer Arbeitsstätte kotzen.
BÜRGER: Außen zu human.
ADEL: Falsche Schale, weiches Hirn.

Die Nachteile von Tieren

PFERD: Großer Kopf und trotzdem sieht man nie beide Augen zugleich.

HUND: Im Schritt keine Schamhaare, sondern nur da Haare, wo man sich nicht schämen sollte als Tier. Cringe.

SCHNECKE: Selbst für Selbstmord zu langsam.

ENTE: Indiskret.

BULLE: Hinterlassen überall Samen, selbst auf geliehenen Sachen.

WALWEIB: So dumm, lässt als Alleinerziehende bei einem Rendezvous sogar den Kindersattel auf dem Rad.

REGENWURM: Bauch, Beine, Po – von allem zu wenig bis nichts.

IGEL: Mal devot, dann wieder äußerst herrisch – findet nie den richtigen Ton.

LÖWE: Übertreibt's maßlos mit allem: Frisur, Gebiss, Auslaufradius, Nahrungskettenposition.

KABELJAU: Ist echt kein Held beim Rückwärtsfahren in der Bahn.

AAL: Fettet unangenehm nach.

FLIEGEN: Wollen oft ihre Kindheit nachholen, wie soll das gehen in einem Tag?

MÜCKE: Nur sehr begrenzt hilfsbereit, wenn man eine Panne in der Wüste hat.

LACHS: Null Sitzfleisch, zappelt sogar an Land.

CHAMÄLEON: Fremdsprachen mangelhaft, wohl ironische »Absicht«.

ELEFANTEN: Können sich nicht überholen.

SCHWEINE: Lassen zu oft den Zahnpastatubendeckel im Dreck liegen.

KUH: Extrem vegan – und die Umwelt leidet unter den Flatulenzen.

Feelingsgefühle

Ich sehe es ganz deutlich: Der Frühling ist die beste Zeit des Jahres. Meteorologisch betrachtet, seelisch gespiegelt.

So warm die Tage auch sind, die skeptischen kalten Brisen schaffen immer wieder Klarheit für den Kopf. Das Licht kommt und geht zum richtigen Zeitpunkt. Die Menschen überall sind praktisch freundlich. Noch hat der psychische Wundbrand des Sommers nicht eingesetzt! Die meisten Allergiker harren noch aufrecht der kommenden Pein.

Denn sonnig und kühl, das ist einfach die beste Kombi. Der Schlaf ist kein Schrottplatz des Wachseins, sondern tief und erholend. Frieden und Gewinn können zugelassen werden. Im Sommer werden Sie sich beim Schwimmen die Klamotten stehlen lassen und nicht mehr wissen, wie man aus dem Teich kommt. Jetzt ist *best of the best*! Nutzen Sie diese Gratisportion Muttermilch, die die Erde Ihnen gerade gibt! Lecken Sie das Leben bis in die hinterste kleine Zutzelspalte aus! Und das gemeinsam! Uns fallen doch noch mehr Farben für einen Regenbogen ein! Wir sind Menschen, keine Leute! Wir haben Feelingsgefühle! Viele Feelingsgefühle! Fee-, Fee-, Fee-, Feelingsgefühle! Yeah, yeah und nochmals yeah!

Wie heißt das bloß ...

Wie heißt das bloß, wenn man mit vollem Mund niesen muss, das aber unterdrücken will, dadurch ins Husten gerät, alles im Gesicht gleichzeitig ziehdrückt und explodiert und man sich beim scheingeschäftlichen Mittagessen mit dem oder der aus dem Büro befindet? Wozu man sich extra eng und körperbetont anzog, also alle Taschen noch zugenäht oder gar keine dran sind, man kein Tempo einstecken konnte und diese moderne Lokalität auch keine Serviette auf dem Tisch hat. Sondern nur verkackte iPads zum Bestellen, was man schon vor dem Ausbruch bissig-ironisch kommentiert hat und auf die jetzt der ganze Schmodder draufspraddotzt, den man einfach nicht mehr halten kann. Egal jetzt, wie das heißt, das Rote-Bete-Carpaccio mit Büffelmozzarella war einen halben Mund voll lang wirklich »superlecker«. Die Erinnerung ist noch so frisch. Und nun: Ist »umbrische Art« beim Zanderfilet das Kartoffel-Gurken-Gemüse oder der Senfschaum? Das kommt doch gewiss gleich, hoffentlich jetzt sofort. Mit der Frage könnte man ablenkende Zeit gewinnen. Manchmal antwortet ja einer, obwohl er die Frage gar nicht kennt, das gibt's. Aller Blicke sind mit ausgeschamter Teilnahme gesegnet. Wenn auf einer Tür wie der da hinten »Hier« steht, sind da sicher für beide Geschlechter die Toiletten hinter, sonst müsste ja eine daneben sein, auf der »Hier auch« steht. Gastronomischer Humor sollte seine verdammten Grenzen haben.

Aus meinem Romanfragment »Nahbedienung«.

Der neue Axl Rose

Thunder! Axl Rose hat ihn, den Satz, den er so lange suchte. »Es gibt Systeme mit der Fähigkeit, Beziehungen zu sich selbst herzustellen und diese Beziehungen zu differenzieren gegen Beziehungen zu ihrer Umwelt.« Luhmann, mal wieder, schmunzelt Rose in sein Patschuli-Kopftuch. Der alte Systemrocker Niklas, der erklärt einem das komplizierte Ding mit den Beziehungen einfach immer am besten. Muss man nur lange genug im virtuell komplett aufbereiteten Zettelkasten (50 000 Einträge!) des Lüneburger Soziologen blättern. *Easy to navigate, easy to understand.*

Seit bereits zwölf Jahren beschäftigt sich der ehemalige, aktuelle Ex- oder Wiedermal-Sänger von Guns N' Roses mit Soziologie. Im Fernstudium. Alle zwei Tage kommen inzwischen die Aufgaben, oft im geliebten Multiple-Choice-Verfahren. Bis zur Zwischenprüfung waren es sogar täglich Fragen, die man nach dem morgendlichen Whiskey weggurgeln musste. Interpenetration, Ego und Alter, Kontingenz. Funktionssysteme, lebende Systeme, soziale Systeme. Hat man einmal angefangen, kann man nicht mehr aufhören. Das Soziologiefieber hat Axl Rose längst gepackt. Es hat ihn gerettet in seiner unklaren Phase, die jetzt nun auch schon zweiundzwanzig Jahre andauert.

Nach dem Ende seiner Band steckte er jahrelang im tiefen Graben der Sinnlosigkeit. Er hatte ja alles erreicht: 100 Millionen verkaufte Platten, Rock and Roll Hall of Fame, Alkohol, Drogen mit Frauen nehmen, Frauen mit Drogen nehmen, Gewichtszunahme, Bedeutungsabnahme. Eine normale Superstarkarriere, anklopfend am Himmelstor. Drei Villen in Malibu, dreißig abgebrochene Comebacks, dreihundert weiche Schanker im harten Rock. Sein Hunger nach Zerstörung war gestillt, nicht einmal sein gepflegter Lockenhass brachte ihn weiter. Slash war irgendwann auch egal.

Lustigerweise brachte ihm, der zeitweise sechs Psychologen gleichzeitig beschäftigte, dann doch ein Besuch bei einem der Seelenklempner Hilfe. Der für die Hauptpsychose zuständige Dr. Mokassin empfahl ihm, mit der Selbstkreiselung aufzuhören: »Lass schlafende Hunde lügen oder lügende Hunde schlafen.« »Was? Ja, genau, beziehungsweise, wie meinen?« Der Doc blieb fordernd, lockte den aufgedunsenen Sänger mit Fragen, die Axl sich so noch nie gestellt hatte: »Wenn du ein Glas zersingst, woraus willst du dann trinken?« »Ja, keine Ahnung, respektive: Einfach ein neues bestellen?« Aber so leicht ließ ihn ein Arzt, der schon Ozzy wieder in Spur gebracht hatte, nicht davon: »Denk über das System nach, in dem du atmest! Entschlüssele deine Matrix. Novemberregen, chinesische Demokratie, Illusionsgebrauch – hat das alles nicht mit allem zu tun?« »Ja, zweifellos, ist alles von mir«, denkt Axl versonnen. »Dann beobachte, nimm wahr, differenziere! Geh rein in die Philosophie! Geh dahin, wo du noch nie warst. Geh zur Uni!«

Und das hat Axl Rose gemacht. Damit es keiner bemerkt, natürlich nur im Fernstudium. Aber seitdem geht es dermaßen ab in seinem Kopf, als hätte man das ewige Rollo der Selbstzufriedenheit am Bändsel wegschnappen lassen. Axl stellt sich nun jede Frage, die ihm einfällt: Ist Rock ein körperprozessierendes System? Benutze ich die Liebe als symbolisch generalisiertes Kommunikationsmedium? Wie kommt der Wurm in den Tequila? Das Licht des Fragestellens erhellt nun die Nächte im Haus des Sängers. Große philosophische Energie strömt ihm durch die Mähne. All seine Tattoos scheinen von innen zu leuchten. Was für ein schöner Zustand. Ein Mann ward neugeboren, erleuchtet durch Eigensophie.

Jahrelang unmöglich Erscheinendes wird nun machbar. Erst die einfachen Sachen: eine neue Brille kaufen, die dazu passende Schlafbrille, und einen neuen Belag auf der täglichen Pizza wagen. Danach die etwas schwierigeren Dinge: die Haut auch unter den Klamotten reinigen, die Vegetarier unter den Bediensteten grüßen, mehr ayurvedische Sitzlandschaften bestellen. Und dann sogar ein Comeback von Guns N' Roses! Mit den Feinden aus dem eigenen Bett spielen. Sogar mit dem Typen, dessen Gesicht keine von Axls letzten zwölf Frauen kennt. Eine Welttournee in den größten Stadien wird angesetzt. Axl ist einfach besser drauf als je zuvor. Er pusht sich unaufhörlich redend selbst: »Hohe Kontingenz von Ereignissen bedeutet, dass alles, was ist, auch anders sein könnte!«

Yeah, welcome to the jungle, Axl! Die neue Power wird auch wieder in Richtung seiner Urdomäne, der Musik, gelenkt: Wenn jetzt noch ein Anruf von Queen oder AC/DC käme, ob er nicht bei denen auch noch singen wolle, selbst das würde er machen! Die beiden fand er schon immer gut. Gut gelaunt segwayt Axl die leicht geschwungene Anhöhe zum Helikopterlandeplatz empor. Heute will er sich die besten Philosophiesätze aller Zeiten in Abkürzungen tätowieren lassen. Da hell-bellt das Telefon. Als hätte er es geahnt.

Eine Glosse für die ZEIT von 2016 anlässlich Axls Nebentätigkeit als Sänger bei AC/DC: Nach Jahren des Herumdümpelns war dieser Mann plötzlich nicht mehr zu stoppen. Grund genug, mir darüber Gedanken zu machen, woher er seine Energie nahm.

Hamburg, 6. 4. 2032 (dpa)

Der Trend in der Hansestadt zum Museum hält unvermindert an.

Nachdem zum neunten Mal das 5. BEATLE-MUSEUM wegen Klagen der Witwe der eventuell ehelichen Tochter des sechsten Beatle vorübergehend schließen musste und erst nächste Woche wieder seine Pforten öffnet, begrüßt die Erste Bürgermeisterin DR. ANDREA ROTHAUG heute die lokale Prominenz in Harburg.

Grund: Nach Wandsbek, Harvestehude, Pöseldorf, Fuhlsbüttel und Neue Mitte Altona eröffnet auch in Harburg eine neue Dependance der UDO LINDENBERG-MUSEUMSKETTE »GALERIA UL«. Schwerpunkt der Ausstellung »Meine Jahre mit Jan Delay« sind Udos Jahre mit Jan Delay. Das rote Band durchschneidet »Harburgs Gesicht 2019 bis in alle Ewigkeit« HEINZ STRUNK, der damit in die Fußstapfen von Krustenbraten-Star TIM MÄLZER tritt, der ja im vergangenen Jahr »Udos Smudo«, das Themenhaus über Lindenbergs rätselhafterweise fehlende Connection zu Fanta 4, aufschloss.

Auch das legendäre 187-MUSEUM wird wieder öffnen – die Kasse, die das ehemalige 187-Mitglied GZUZ während der »Samen aus Plastik«-Matinee 2022 entwendete, brachte der Sünder reumütig zurück. Er wusste angeblich nicht, dass er ausgerechnet das Haus schädigte, das ihm zu Ehren errichtet worden war. *Honi soit qui mal y pense!*

Nur zu eingeschränkten Öffnungszeiten ist das KETTCAR-MUSEUM an den Landungsbrücken begehbar: Die Flut überschwemmt, seitdem die Stadt durch die Polverschiebung an der Nordostsee liegt, bekanntlich das schmucke Kleinod Hamburger Musik regelmäßig und hinterlässt eine nur schwer zu entfernende klebrige Schicht aus Tang, Met, Tran und Weichholz. Bitte einfach im Interinternet nachschauen!

Ob nun ANDREAS DORAU oder CARSTEN EROBIQUE MEYER eine eigene Abteilung im Museumsshop des Kinderspaßbades an der Kreativmeile »Altes neues Land« bekommen, entscheidet sich laut Minderheiten-Kurator SAMY DELUXE erst im Herbst ihres Lebens. Kann also dauern.

Eine gute Meldung zum Schluss: Der inzwischen nur noch gegen Eintritt begehbare Plattenladen HANSEPLATTE überzeugt mit seinem neuen Retrokonzept »Musik auf VHS« sämtliche Blogs von New York bis Lüneburg. Das sympathische Power-Betreiberpaar Jakob und Sina schmunzelte unlängst via Live-Stream: »Die Zukunft ist einfach unsere Lieblingszeit!«

Die neuen Erwachsenenpuzzle sind da!

• SPIEGELBILD EINES PUZZELNDEN (Nur 100 mit Spiegelschicht überzogene Teile, eigentlich easy: Sie verändern sich ständig, stimmen aber immer)

• BILD MIT KLEINFAMILIE AUF STRASSE, WO DER MANN FRÖHLICH ENTSPANNT GUCKT UND NICHT AUFS HANDY (Total verrücktes Dingen, 500 crazy Teile)

• BILD MIT SINN DES LEBENS (5000 bis unendlich Teile, je nach Geldbeutel. Obacht: weniger Teile kosten mehr!)

• BILD MIT VON PEGIDA-DEMO WEGGEHENDEN MENSCHEN (Im Stil der Bilder von Flüchtlingsströmen vom Balkan, aus dem neuen »Reality meets Fantasy«-Segment, das Irrsinn und Sinn zielgruppenungerecht zusammendenkt, sehr schwierige 8000 Teile)

• BILD MIT 1000 TEILEN (Hat auch 1000 Teile, aber ungenau und überlappend geschnitten, für fortgeschrittene Puzzler)

• BILD MIT FRAU NACH DER BESTEN DIÄT DER WELT DRAUF (Modernes ironisches Anti-Puzzle, mit beidseitig bedruckten längsgestreiften 100 000 Teilen: Fertig ist frau, wenn frau dabei nachweisbar abnimmt)

• BILD VON GLASTISCH VON UNTEN, ach vergessen Sie's, ich kann nicht mehr! ICH WILL NICHT MEHR! Wo steht der Bus mit den Menschen, die das lesen wollen?

HILFE! NIMM DAS THERMOMETER AUS MEINEM PO, HERR SCHWESTER!

Time is the Masterin

»Die Zeit vor der Zeitumstellung is the time of my life«, murmelt die steinalte Greisin aus der Region als sie die letzte Woche vor der Sommerzeit anging. Die armseligen Sommerbeschäftigungen sind noch nicht eingeläutet. *En vogue* ist noch das *fucking normal doing*!

»Nun, so würde ich es nicht ausdrücken«, schmunzelt das von Millionen herrlichsten Fältchen durchzogene Seniorinnengesicht, »ich kann ja gar kein Französisch oder Denglisch.« Aber inhaltlich gebe sie sich recht: Noch biete das Leben keine Draußeneien, schlage keine herzhüpfenden Purzelbäume angesichts klarer Sonne und zart sprießender Love Interests unter Tier- und Menschenarten.

Wenn die Uhr dann umgestellt werde, sähe das alles gleich anders aus. Amtlicher, ordentlicher. Mehr gerader Kanal, weniger natürlicher Bachverlauf mit ins Wasser wachsendem Uferbambus.

»Auch dieser Vergleich käme mir so nicht über die Lippen«, lächelt die Hochbetagte. In ihrer gefühlt Jahrtausende entfernten Kindheit habe man nicht so viel verglichen. Wettbewerb gab es nur im Sport und nicht wie heute in allem weil Internet.

Versonnen zupft sie sich ein Haar aus dem schütteren Dutt und legt es neben ihren Wecker. Den kommenden Samstag wird sie das Haar in ihren Zeitanzeiger schieben, in die winzige Lücke zwischen Glas und Zifferblatt. Und mit ihm den Zeiger behutsam die nötige Stunde weiterziehen. So wie sie es seit Einführung der Sommerzeit jedes Jahr tut.

»Noch habe ich genug Haar für viele Jahre«, genießt sie

sich selbst und diese Zeit und sogar ihre eigenen Worte, denn die passen nun zu ihr wie ihre Wolljacke und ihre Filzhose.

Alles passt.

Noch drei Tage passt einfach alles.

Wie gesagt: Die beste Zeit, diese Zeit vor der Zeitumstellung.

Mit Ei versucht, was Leiden nicht schaffte

Ostern nähert sich in riesigen gehüpften Schritten! Zahlreiche Osterbräuche werden in Deutschland »herausgekramt«. Nicht zu Unrecht. Denn Bräuche sind Riten sind Halt auf unruhiger sozialer See. Bräuche zu Ostern gibt es viele. Benzinpreise rauf, Eierwitze runterrattern und so weiter. Sie alle aufzulisten würde den Umfang dieses Beitrags wie ein Dotter den Sack sprengen. Und so habe ich mich auf die fünf vielleicht bekanntesten Osterbräuche hier in Deutschland beschränkt.

Platz 5: Backe, backe Kuchen
Kein Ostern ohne den Brauch des Backens! Aus Hefeteig wird ein sogenannter Hefekerl. Seine stumpigen Arme schmecken am besten. Manchmal halten sie eine Pfeife, diese ist nicht zum Verzehr geeignet, nei-hein!

Platz 4: Besorgen von Moos
Am Vortag des Ostersonntages besorgen die Väter das Moos für die Osternester – und zwar aus dem Wald und nicht aus der Hose. Säuisches Schmunzeln ist erlaubt am Fest der Fruchtbarkeit.

Platz 3: Osternester mit Süßigkeiten
Der süßeste Brauch. In den Nestern finden sich dann allerlei Süßigkeiten für die Kleinen. Das Angebot dafür ist ja auch riesig. In den hiesigen Supermärkten findet man tonnenweise Schokohasen, Schokoeier und neuerdings gar Eier aus Ei in Eierform, man fasst es nicht.

Platz 2: Das Osterfeuer
Gibt es eigentlich in jedem größeren Ort und jeder Stadt. Manchmal verbrennen auch Weihnachtsbäume. So verbinden sich Geburt und Auferstehung von Jesus in der lodernden Glut!

Platz 1: Ostermesse und Osternacht
Die Nacht vom Karsamstag auf den Ostersonntag. Man wacht und betet und säuft sich ganz bewusst »einen Hasen« rein. Der ewige Platz 1!

Pressemitteilung Golden Pudel Club

April 2022. Alle Konjunktive sind verschwunden, der PUDEL miaut wieder. An drei Tagen in jeder April-Woche drehen wir den Schlüssel nach links: Nämlich an jedem Donnerstag, Freitag und Samstag (und einmal auch am Sonntag). Wie noch eventuell in einer alten Gehirnfalte beim Publikum abgespeichert, wird ein Unterhaltungsprogramm dargeboten verbunden mit dem Verkauf von Getränken und deren Konsumierung und Kommentierung an Ort und Stelle. Die Jüngeren erinnern sich, die Älteren lernen das neu.

Für viele ein wichtiger Punkt: Was hat sich geändert im PUDEL? Gibt es Neuerungen oder ist die Tradition der Fortschritt? Haben die Leute da eigentlich die letzten zwei Jahre irgendwas getan außer ihre Hüftsteife auszubauen und einen trockenen Mund zu kriegen? Schnelle Antwort: Ja, haben sie. Ziemlich viel, ziemlich *fettucini*.

Betrittst du die neue Eingangshalle, empfängt dich sogleich eine neue Großzügigkeit. Freundlich umarmt dich der neuerdings komplett schallisolationsummantelte Club wie ein Suspensorium seinen Schatz. Drinnen ist dann dein Draußen, wobei man den Satz auch metaphorisch verstehen kann, was du sicher längst getan hast.

Drinnen fällt jeder/jedem gleich die unglaublich gute Luft auf, die die neue Turbo-Lüftung leise zubereitet. Sie arbeitet clever nach dem Prinzip »links raus, rechts rein« wie bei guten Ohrbesitzern und hat den Namen »Faster Virus Kill Kill Kill« nicht umsonst. Nein, sie war sogar sehr teuer, aber hier wurde das Geld mal richtig angelegt.

Am Tresen angelangt fühlt sich jeder gleich anders. Irgendwas ist besser, ist kommoder, schmeichelt mehr dem eigenen

Sein. Aber was? Es ist ganz einfach (und doch so tricky): Wir haben den Tresen um zwei Zentimeter tiefergelegt. Eine aufwendige, aber nötige Maßnahme! Diese auf den ersten Blick geringe Distanz verbessert den Sitzkomfort und Bestellvorgang ums Größte – wie leicht das nun alles erscheint, was vorher im Bermudadreieck Kurzarmigkeit, Energiestau und Halloknallo baden ging, es ist enorm. Try it.

Stichwort Getränke: Gemäß einer Tradition aus dem Alten Land haben wir übrigens alle alten Flaschen umetikettiert, damit sie frisch rüberkommen, und zusätzlich den Inhalt ausgetauscht. *Fresh for fantasy!* Auf der Karte selbst indes gibt es keine Neuerungen, denn wer ein Rad zweimal erfinden will, hat keine Ahnung vons Ganze.

Kern- und Prunkstück bleibt im PUDEL die Anlage. Aus der Subbassfalle vorne links unter dem Fenster befreite die Crew ein halbes Dutzend im Sound gefangene Peoples, die von der Pandemie gar nichts gemerkt hatten. Durch eine präzise Kalibrierung, die jeden Dreitagebart, alle Piercings und sogar sämtliche Freudefalten an den Körpern der Crowd berechnet, ist nun der Klang optimierter als optimiert, nämlich perfekt für jede/n. Kein Ohr geht mehr unbefriedigt am Kopf hängend nach Hause. Alles klingt geil, sogar wenn ein Luchs käme oder drei.

Nicht unerwähnt lassen sollten wir den neuen rostfreien Flutschutz aus Stahl, der gewährleistet, dass auch bei Hochwasser weitergetanzt werden kann und den Spa-Bereich, der sich auf der gegenüberliegenden Seite der Straße befindet, wo sich Eule und Lerche die Aronal in die Hand geben.

Sie sehen: Niemand war im Pudel untätig. Alle Schwächen des Clubs wurden weiter geschwächt, alle Stärken gestärkt.

Kann wieder losgehen: *Disturbing the comfortable and comforting the disturbed* seit 1988.

Offizielle Presseerklärung des Hamburger Clubs am Hafen nach der quälenden monatelangen Pause wegen Corona. Einiges dort Angekündigte wurde von Kundschaft wie Presse tatsächlich erwartet, man und frau gingen neugierig zur Eröffnung. Auftrag erfüllt.

Brief an Mensch

Liebe Raubtiere!
Ihr habt so ein dickes, dickes Glück, dass ihr nicht eingesperrt worden seid irgendwann mal! Egal von wem, egal wie – aber eingesperrt und stillgelegt gehört ihr ja eigentlich alle. Das wisst ihr!

Ihr macht draußen doch nur Schmonzes: Habt Neid auf Penisse und Jungsein. Geht mit Skischuhen zum Schuhputzer und kauft Kalender erst im Juli, wenn sie richtig billig sind. Fahrt weg, aber wollt vom Fahren nix merken, sondern Ankommen und dann das Gleiche machen, was ihr auch vor dem Wegfahren macht. Hastet, drängelt, unmenschelt und nehmt dem Tod auch noch den letzten Charme, weil ihr ihn, das schönste Ende eines Lebens, nicht wollt.

Ich möchte gern, dass ihr wieder rüberkommt auf die bessere Seite. Nicht alle, aber ein paar von euch. Dorthin, wo die Kunst der Zucker des Lebenskaffees ist. Geht das?

Ich grüße gut, Gereon

Unser Deutscher soll schöner werden

Die Bundesregierung hat indirekt Medienberichte bestätigt, nach denen sie eine Imagekampagne für Deutsche im Ausland plant. Nachdem sich das Bild Deutschlands in den letzten Jahren weltweit zum Positiven gewandelt habe, auch mal wieder eine WM auf höchst sympathische Weise gewonnen wurde und allgemein das Land »hervorragend und vorbildhaft« beleumundet sei, weise höchstens noch das Bild des Deutschen an sich Mängel auf.

Insbesondere im Ausland mache der Deutsche eine oft weniger gute Figur, was primär am Aussehen liege. Daran wolle man aber nun gezielt und nachhaltig arbeiten. Und zwar mit dem Förderprogramm *Wir wollen schöner werden*, das ergebnisorientiert am optischen Erscheinungsbild feile beziehungsweise zur Selbstoptimierung anleite. Nach einem, sich modernster biometrischer Daten bedienenden Verfahren entwickle man momentan das Idealbild eines als sympathisch, offen und nett empfundenen Wesens, nach dem man die Zielparameter definiere. Diese werden dann bei Ausreise überprüft und bei hoher Übereinstimmung vergütet. Heißt: Je besser man sich kleidet, frisiert und pflegt, desto mehr Bonussteuern erhält der deutsche Bürger jährlich.

Damit werde, so eine Staatssekretärin im Gesundheitsministerium, zum einen das Bild der Deutschen sukzessive verbessert und ergo die Wirtschaft nachhaltig gefördert, zum anderen die Volkszufriedenheit optimiert, denn wer sich selber besser fühle, sorge auch für bessere Gefühle bei anderen, was sich wiederum auf das Binnenklima positiv auswirke. Deutschland sei damit auf dem Weg zum wirtschaftlich führenden, aber auch herzlich-modernen Land, das sich bereits strukturell von den aktuell zänkischen oder egomanen Nationen abhebe.

Mit Krieg oder Folklore als Alleinstellungsmerkmal sei in den kommenden Jahren kein Staat mehr zu machen, das Förderprogramm sei alternativlos. Deutschland stelle sich neu auf und werde, das könne man bereits jetzt konstatieren, in der Breite schöner.

Liebe Eselsohren des Buch Gottes

Ist es, ist es nicht: Hamburg kriegt vielleicht eine Seilbahn. Über den Hafen, mit dreitausend Passagieren stündlich, die dann von oben den Schmodder unten nicht mehr sehen können. Damit reiht sich die moderne Hybridstadt (halb total reich, halb reicht's total) ein in die Städte mit cool aufgehängten Sachen wie zum Beispiel andere Städte mit Seilbahnen (Lissabon, London, Paris), mit Leinen (Hannover) oder jede brandenburgische Kreisstadt (NPD-Plakate).

Würde sich einreihen, noch ist es nicht soweit, nei-hein!

Natürlich sind wieder ein paar Brummer dagegen. Und kleben »No zur Musical-Seilbahn!«-Spuckies an Laternen und Latrinen, nur weil da auf der anderen Seite auch der Käfig des Königs der Löwen ist.

Was ist richtig? Pro oder No? Man weiß nicht, wofür man sein soll: Die Meinungsbildung hat soeben in den Straßen hier erst begonnen. Sicher finden sich Mehrheit, Minderheit und Enthaltung zusammen, hoffentlich bald.

Die einen sagen, die Gondeln der Seilbahn seien doch lautloser als ein toter Fisch im Glas eines Pantomimen, das störe nicht. Die anderen wollen den Vögeln nicht die exklusive Aussicht auf das Ein- und Auslaufen der großen Kreuzfahrt- und Containerschiffe nehmen.

Was sagen Udo Lindenberg, Jan Delay und van der Vaart dazu? Was ist bei Sturm, bei Schietwetter, bei Krieg? Wo sollen dann die Gondeln hin? Wie sieht das für Japaner aus, wenn die erdbebenmäßig doof rumwackeln? Und dann die Fail-Videos im Netz, wenn ein Tourist rausfällt! Kann imagetechnisch ein Problem werden.

On the other hand: Wichtig ist, dass die Seilbahn ohne Steuermittel und Strombenzin läuft, und so ist es geplant. Auf beiden Seiten finden in den Einsteigehäuschen auf insgesamt zwölf Trampel-Hometrainern mit Nabenschaltung Refugees Arbeit im Workout-Bereich.

Also lasst uns doch dafür sein, Leute! Eine Seilbahn hat halt Vor- wie Nachteile, wie man selber auch, wenn man sich menschlich sieht. Es ist und bleibt, bis der Strick reißt, eine einzigartige touristische Attraktion, die die Schönheit der Stadt aus der Luft perfekt in Szene setzt, das spüre ich im Gedärm.

Die Seilbahn war wirklich kurz vor der Realisierung. 2014 wurde das Bürgerbegehren aber abgelehnt. Es blieb nur der Sticker.

Die Natur hat immer recht

Harngegerbt sitzt Julia vor dem schwedischen Königshaus. In der einen Hand ihr Nobelpreis, in der anderen Hitlers Sohn. Gut sieht er aus, gar nicht so, wie man ihn aus dem Radio kennt. Wahrscheinlich, weil er nackt ist, denkt sie sich, während der Regen auf die beiden prasselt und die Erdnussbutter aus ihren selbstgemachten Broten spült. Die Natur hat halt immer recht.

Aus meiner Serie »Romananfänge mit zu großem Spannungsbogen«.

Geschenktipp

Liebe Wechseljuicer und Flexitarier. Vergessen Sie den sortenreinen Rhabarbernektar, die Granatapfelseife von Ortiga oder schöne Zahnpasta von Marvis (Jasmin-Mint für sie / Lakritz für ihn).

Das sind alles Staubfänger, die auf die leere Ästhetik des Genusses schwören und schnell den unschönen Abgang ins Klo machen.

Geschenke sollten sicht- und sound-proofed sein. Coolen Stylern darf es nicht zu glossy, nicht zu fancy sein. Pro Products, no Nougat!

Ideale Gesprächs-Opener für Galerie-Eröffnungen, Literaten-Treffen und von Tänzern entwickelte Körperhaltungstrainings: Auf welchen Partys vom Gallery Weekend warst du? Fährst du auch nach Basel oder fickst vor der Zigarette?

Einfach erzählen, ob man auch was in der Uckermark kauft oder doch lieber in Sizilien – auch wenn man nicht gefragt wird. Oder wer mit wem flirtet, wer welche Flüchtlinge aufnimmt, wer »easy« sagt, wer »schwierig« mit »schwer« verwechselt!

Und unbedingt über immer wieder neue Therapieformen: Somatic Experiencing oder, davon habe ich neulich gehört: die Edding-Technik. Mit einem dicken Filzmaler jeden Abend ein Körperteil (Finger, Lider, Ellbogen) schwärzen. Das fällt dann nachts gedanklich ab, verschwindet in der Umgebung und belastet nicht mehr. Freiheit, Leichtigkeit, *softy living*!

Mit folgender Musiksystematik im Schrank kommt man diese Woche übrigens gut zurecht: gekonnter Anti-Style, der mittlerweile von Detroit bis Tokio kopiert wird. Also Doppel-Yes zum Schallplattenkauf! Der ist das neue Gold.

Klassischer Hanseplatte-Newsletter, der sich die Argumente für eine Mailorderbestellung aufs Schönste herbeiargumentiert und alle Aspekte moderner Lebensführung und psychedelischer Alltagsphilosophie zusätzlich in einem aufwäscht.

Bürohumor

Bei der dritten oder vierten Flasche Wein kamen wir auf diese Idee. Kollege Lüam war gerade aus dem Urlaub zurückgekehrt, in dem er sich einen großen Traum erfüllt hatte, und jetzt erzählte er uns davon mit leuchtenden Augen. Er hatte mit ein paar Freunden in Österreich geschlemmt und dann eine Badewanne volllaufen lassen. Zwei Kilo Salz wanderten hinein und er ebenfalls. Sich einmal wie Moby Dick fühlen wollte er, es sei ein fantastisches Gefühl gewesen. Einfach das beste Erlebnis der letzten Jahre!

Inspiriert davon beschlossen wir alle, unsere geheim gehegten Wünsche sofort in die Wirklichkeit umzusetzen: Jakob steckte sich an jeden seiner Finger entkernte Oliven. Ein nie zuvor erlebtes Glücksgefühl durchströmte umgehend seinen massigen Körper. Dann kommen jetzt die Zehen dran, sagte er. Und dann Bauchnabel und alle Zwischenräume. Eva öffnete den Bürokühlschrank und hielt ihre Zunge an die Seitenwand des Eisfaches – sofort fror sie fest und Eva freute sich wie ein kleines Reh. Ihr Lachen echote gutteral im Nassbereich. Sina füllte derweil eine Wärmflasche mit Seifenlauge, blies sie auf und ließ sie platzen. Größte Freude, größte Blasen überall! Leni baute sich mit diebischer Freude noch einen doppelten Schnorchel, um mit beiden Nasenlöchern in ein Glas kalte Milch zu pusten – schönere Blubber hatten wir alle noch nie gesehen. Sogar Anja machte mit und bestellte im Netz eine Fuhre Treibsand, um sich mal kurz bis zum Hals einmal einsinken zu lassen.

Insgesamt gesehen war das Monatsmeeting ein großer Erfolg.

Das Original

Dieser Text, den Sie gerade zu lesen beginnen, entspricht nur zu null Prozent noch dem Original, an dem ich drei Monate arbeitete. Diesem hat man die ganze Mühe gar nicht angesehen, er war schaumig und attraktiv, international anerkannt, ein feuchter Traum. Mit vielen Symbolen, die man so und »so« lesen kann. Echt geil gemacht, einfach inkommensurabel und unsittlich.

Ich musste ihn überschreiben, meine Mutter rief an: Sie brauche »sofort« Sätze und ich hätte doch welche. Für ein Seminar beim Literaturkreis Siegerland e. V. Man nehme den neuen Literaturnobelpreisträger durch. Sie aber habe von ihm ja gar keine Ahnung, ich mache doch »in Musik«. Und ob dieser Bob Dylan eigentlich eine Hasenscharte habe, das sehe so aus.

Ich gab ihr meine Sätze. All die fleischigen Nelken, die tollen Phrasen. Man muss Verwandten, die einem irgendwann mal Milch gaben, auch etwas zurückgeben. Sie bedankte sich mit einem selbstgemalten (sie ist Künstlerin und deshalb nie in Rente) Daumen von Goethe, den sie »nur aus der Erinnerung« gezeichnet hatte.

Ebendiesen kann ich hier nur schwer zeigen, sie schickte ihn mir in Öl auf mittelfeiner Bioleinwand. Eh ist der Goethe-Mama-Daumen in der Fantasie sicher viel schöner als live im Original. Bei meiner Mutter ist es oft so, dass bei ihr die Form die Kreation überragt – manchmal sogar erschlägt. Egal. Ich habe ihr Gutes getan und Sie als Leser verzichten halt heute mal auf den sechsten Finger an der Hand, Sie verstehen?

Ja, meine Mutter. Sie hat in meiner Kindheit einmal Zunge von der Kuh paniert und uns Kindern dann als Hähnchenschnitzel verkauft. Sie war in der Kunst definitiv besser aufgehoben als in der Küche.

Das Comeback

Viele Leute denken, ich stehe täglich bei der Hanseplatte am Tresen. Dabei habe ich mich aus dem aktiven Plattenhändler-Dienst vor Jahren absentiert. Die jungen Leute können das einfach besser! Sellen, talken, gegen Napster ironische Spitzen im Verkaufsgespräch setzen. Oder auch mal ein LOL ins Wechselgeld mischen. Ich kann das einfach nicht mehr und deshalb übergab ich den Staffelstab. Geh ins Backoffice, haben sie bei meinem Gang durch die Küche gesagt.

Als ich nun heute zufällig mal im Geschäft war, bat mich der Host des Tages, doch mal kurz zehn Minuten auszuhelfen. Sie brauche eine neue Rolle fürs EC-Gerät, der Büromarkt Hansen sei ja nur zehn Minuten entfernt, sie sei gleich wieder da. Kein Problem! Staatsmännisch winkle ich die Arme an, um hinterm Tresen eine gute Figur zu machen. Endlich mal wieder Händler an der Upfront! Wie lange ist das jetzt her, dass ich meine erste Platte verkaufte? Jahre ist das her! Umgehend stellte sich die alte sagenhafte Coolness meiner Vergangenheit ein und motivierte wie Turnschuh, der auch den Rest des Körpers federt, schmückt und die Seele springen lässt. Was für ein toller Job!

Wie vom Nebel ausgespuckt kommt plötzlich ein Dutzend dänischer Jugendlicher ins Geschäft. Kaufwillig, fragefreudig, servicegewohnt. »How much is this?« (Eine Spieluhr, die La Paloma spielt? Kein Preis drauf? Oh), »Do you have keychains with lobster?« (Eventuell, aber wo? Herrje), »Why do you know nothing?« (Wie geht die Kasse auf? Verdammter Mist!), »Do you have a bag?« (Wo sind die Tüten? Oder sind Tüten inzwischen verboten). Ein ebenfalls anwesendes Paar aus Süddeutschland schmunzelt vergnügt aus sich raus. Kartenzahlung, wie geht das nochmal? Bin ich ein Unsouverän? Mir fällt die Cola um, der klebrige Süff läuft in die Auslage mit dem teuren Schmuck. Dann: Ein Paketbote kommt und drängelt. Die Dänen versuchen, mich weiterhin ernst zu nehmen. Obwohl ich das permanent klingelnde Telefon ignoriere und ich sehe, wie ein Hund an die Draußenbox pinkelt. Der Töle müsste man! Ohne irgendeine Ahnung von Timing kommt ein Kommissionslieferantenmensch und sagt: »Guten Tag, wir haben nachhaltige Seife aus St. Pauli zu verkaufen und ihr nehmt doch so Hamburg-Sachen, oder?« Hilfe. Bzw.: HILFE! Eine Stammkundin beschwert sich über Preisunterschiede zwischen online und Laden, die CD hängt, der Kopfhörer der Abhörstation läuft nur auf dem rechten Ohr. Alles in diesen zehn Minuten! Wenn jetzt noch richtige Kinder kommen, werd ich zum Erwachsenen.

Ich fange an zu weinen, aber ohne Tränen. Wie habe ich das nur früher geschafft? Wie konnte ich nur? Warum gab es damals kein Wieso? Keine Ahnung.

Bitte helft mir beim Gleiten in die Rente, wenn ihr mich seht. Bitte!!!

So geschah es wirklich. Hab mich bis heute nie wieder hinter den Tresen getraut.

Das Buch von der Kundschaft

Inhaltsverzeichnis

I Die Entwicklung der Kund:innen
    Geburt in der Schlange oder auf dem Tablett?
    Aufwachsen mit Waren
    Das emotionale Gleichgewicht in der Adoleszenz
    Erste Ausflüge in die City
    Den Tod als Handel sehen

II Die Kundschaft kommt ins Haus
    Die Körpersprache lesen lernen
    Grenzen setzen, zugleich Anreize schaffen
    Frage nach Toilette abwiegeln lernen
    Nochmalige Frage nach Toilette als Unverschämtheit
        empfinden und hart sanktionieren

III Umgang mit der Kundschaft
    Die Bückware religionsgerecht aufbauen
    Nein sagen
    Das Reizangeltraining
    Der Kundin eine Zukunft mit der Ware ausmalen
    Ihm auch

IV Spezial: Faszination dumme Kund:innen

V Die häufigsten Probleme
    Unsere Kundin leckt alles an
    Unser Kunde nässt vor anderen Kunden
    Unsere Kundin hat Angst vor runden Sachen und traut
        sich nicht, Münzen in die Hand zu nehmen
    Der Kunde kommt und geht als Gaffer

VI Service zum Weiterlesen
VII Bildnachweis
VIII Starschnitt Idealkunde

Vorabdruck aus meinem Sachbuch: Der Kosmos Kundschaft. Mit 12 Geldgeräuschen zur sanften Gewöhnung des Jungkunden. *Ventil Verlag, 2024.*

Die tägliche Sackgasse

Den Wannenstöpsel ziehen und die Spritze aus dem Arm, aufstehen, sich waschen, Hose an, den Rest auch, es legen, föhnen, was essen, den Deal mit dem eigenen Stuhl einfädeln, an Verfallenem riechen und eine Erregung gewinnen, dann runter mit dem Müll, die Straße auf, die Jacke an, besser andersrum, ist noch kalt, das vordere Zimmer untervermieten, den Wagen sharen, die Ängste teilen, die Sympathien nach altem Menschheitsrezept verteilen, Anlauf nehmen, Ignoranten ignorieren, die Feuer anfachen, wegrauchen und abaschen, Gott und die Welt sein lassen, falsch verstehen, falsch liegen, falsch lachen, Warzen besprechen, das Knarzen belächeln, die Leiste kauen, das Karma versauen, dann den Kopf wieder tiefer hängen, anstoßen, anmalen, antun, gern was vergurken, noch gerner was richtig vermasseln, Tiere enttäuschen, den Einkaufswagen abketten, die Gedanken schon bei der Geburt trennen und wegrennen, hoffen und wieder hoffen, auf den Anfang setzen und aufs Ende, nichts mehr hergeben, das Handy verpfänden, auf die Totalität inklusive ihrer Möglichkeitsbedingungen verweisen, träumen von früher und vertrauen auf später, wuchtig brummen, sich dumm spülen, Männchen machen und Räume vollmuffeln, das Bittere süßen, die Ampelputznerver vermissen, die Brille auf beim Brillenkauf, den Durst aufbauen beim Bierchenkauf, den Arztbesuch verschieben, Hello sagen, Goodbye winken, gepflegt nebeneinander herleben, ohne nach außen etwas zu verraten, schon gar nicht dem anderen oder den Verwandten und dann, dann steht das Leben des Todes schon bereit.

Liebe politisch Interessanten

Hygiene Fischer hat vor zwei Tagen live einen Liter Bier auf ex getrunken und gesagt: »Ich stoße gemeinsam mit euch an, auf die guten alten Zeiten und auf das, was wir schon bisher gemeinsam erlebt haben. Also – auf euch!«

Fuckin fuck Fuck!

Genau die Aktion hatten mein Kumpel GZUZ und ich auch vor! Wir wollten mit dem 187er-Bus rein in den Getränkemarkt und an den Kisten rütteln, dann bei Maßkrug-Schorsch Maßkrüge holen und dann uns eine SAP-Halle mieten, wo unsere 23 000 Leute abfeiern und dann denen eins vorkippen. Hatten wir echt vor! Aber nicht, um was zu zeigen, sondern einfach nur so.

No joke, no fake!

Ich verzweifle langsam vor der Kunst. Irgendwann fällt mir nämlich auch gar nix mehr ein und kein Rettungsanker winkt mehr aus Ihrem Postfach. Denken Sie mal darüber nach! Helfen Sie mir bitte jetzt und schnell!

Schicken Sie mich bitte in die *Höhle der Löwen* oder auf die Buchmesse. Von mir aus auch in den Bundestag. Ich mach alles. Könnte auch schwanger werden oder noch mehr pleite als AirBerlin, mir egal. Ich will nur mit euch spielen. Wie in den guten alten Zeiten, wo wir das, was wir schon erlebt haben, schon erlebt haben.

Also auf euch!

Heute geht's um Vinyl!

Heute geht's um die Sparte Vinyl. Das Kernsegment, die Muskelmasse, das schwarze Schwarze, das Bongo im Bing.

Beliebt bei Mitteljung über Halbalt bis Grabverdächtig. Die Vorteile dieses Mediums kennen wir, sie liegen auf der Hand: Putin hat keine, weil es in der Ukraine auch welche gibt, Elon Musk fehlt die ruhige Hand zum Auflegen und diese Delfine mögen den Sound nicht wegen zu wenig Höhen. Dennoch bleiben so viele Fragen: Wie viele Rillen hat eine Platte? Warum hat der Witz so einen Bart? Warum sind die meisten Vinyl-Lover männlich? Stimmt die Geschichte, dass es das große Loch bei Singles deshalb gab, weil die besoffenen Northern-Soul-DJs nicht so genau zielen konnten beim Plattenauflegen? Klingen Maxis besser? Wie bringt man Schallplatten-Liebhaber zum Herzinfarkt? Wie viele Schallplatten wird man in seinem Leben noch hören, wenn man dreißig ist? So wenige? Warum hat man dann so viele? Welche Platte »hörte« man, indem man sie aus der Hülle zog? Warum fühlen sich Vinylisten immer gleich verantwortlich für das ganze Medium? Nervt altgediente Vinylhörer der neue Boom mit dem schwarzen Gold? Nerven die klugscheißerischen alten Sammler die jungen Vinylhörer?

Heute geht's nur um Vinyl.

Muss jede Generation Schallplatten-Freaks dieselben Fehler machen? Wann kommt der Klassik-LP-Boom? Oder ist der schon da? Wer guckt sich geetchte Plattenseiten an? Wieviele LPs hat eigentlich Helene Fischer von ihrer letzten Platte verkauft? Warum kriegen manche Menschen den Hass bei Picture Discs? Und andere weinen vor Freude? Klingen farbige Vinyle wirklich schlechter? Warum sind Plattenläden Spinner-Magneten? Wie viel Prozent der Schallplattenkäufer hören die

Platte gar nicht, sondern nutzen nur den Download? Klingt 45rpm eigentlich besser?

Heute geht's nur um Vinyl.

Kennt jeder den Witz, warum Nazis schlechte DJs sind? Weißt du überhaupt die Antwort? Warum dürfen sich Laptop-Aufleger DJs nennen, wenn sie gar keine Discs benutzen? Wie viele Coverversionen von John Cages Stück »4'33« gibt es auf Platte? Wie viele Platten hast du, die keinen Eintrag bei Discogs haben? Warum hast du nicht mehr? Warum gibt es nicht mehr? Hat das Internet Vinyl erst zerstört und jetzt wieder aufgebaut? Wie viele Videos von abgespielten Schallplatten gibt es bei YouTube? Gibt es bei YouPorn ein Video mit Plattenspieler im Hintergrund? Warum denkt die Werbung, Vinyl sei cool? Warum denkt kein Porno-Regisseur, Vinyl sei cool? Wann ist der Markt an Reissues von Pink-Floyd-Platten gedeckt? Welchen Plattenspieler hast du eigentlich?

Heute geht's um Vinyl.

Wo gradet man am besten up, beim System oder bei der Nadel? Oder sogar den Tonarm? Seit wann schnallen Putzfrauen nicht mehr, dass sie den Plattenspieler in Ruhe lassen sollen? Kennst du jemanden, der jemanden kennt, der jemanden kennt, der einen Autoplattenspieler hat? Den es angeblich mal gegeben hat? Und der Singles abspielen konnte? Gab's etwa auch einen zum Reiten? Gibt es insgesamt mehr HipHop- oder Technoplatten? Mehr Soul- oder Rock-Platten? Mehr Singles oder LPs? Wo kann ich mir ein Dubplate machen lassen? Was kostet das? Wie war das noch: Die Seite mit der Grafik ist immer die A-Seite? Warum habe ich eine brasilianische Schallplatte, bei der das Cover innen, ja innen, mit Plastik eingeschlagen ist? Ist es dort so feucht? Warum hat sich das nicht durchgesetzt?

Heute geht's um Vinyl.

Kann man goldene Schallplatten hören? Oder ist das ein Fake? Ist Rillenreiter nicht ein schönes Wort? Verstehen Vinylisten keinen Spaß? Oder mehr Spaß? Wie oft muss man noch Geschichten von Schallplatten aus Schokolade, Tortilla-Teig oder anderen Fremdmitteln lesen? Was soll das alles? Wird es den ganzen Mythos auch mal mit CDs geben? Gibt es eigentlich auch ein CD-Lexikon? Wie viele Schallplatten hat Angela Merkel in ihrem Leben angefasst? Wie viele Obama? Wie war das nochmal mit dem Disco-Platten-Verbrennen? Ist die Geschichte wahr? Wie erkenne ich einen Bootleg? Wenn ich eine frühe rare Onkelz-Platte geschenkt bekomme, zerbreche ich sie dann oder verkaufe sie bei Ebay? Verkaufe ich sie dann also an einen Schallplatten-Nazi? Denkst du nicht, dass es das gar nicht gibt? Weil Vinyl so eine gute Aura hat?

Heute ging's um Vinyl. Nur um Vinyl. Das Kernsegment, die Muskelmasse, das schwarze ... sagten wir das schon?

Vielleicht mal die Platte umdrehen!

tnemgesnreK saD .lyniV etrapS eiD ... aaah!

Hilfe, Hilfe, ich ertrinke!!!

efliH ,efliH ,ɘϝlɪμ ,ɘϝlɪμ!!!!

aaaaaaaahhahahhhaaaaaaasɟɟɟɟɟɟɟɟɟppɟpɟppppɟɟɟɟɟɟɟ

Das Schlimme an Vinyl und seinem Boom und dem ganzen Records-Store-Day-Zinnober ist der fehlende Humor fast aller Beteiligten. Ich werde mein restliches Leben dagegen anschreiben. Bis ich eine Kolumne in der Fachzeitschrift MINT bekomme.

Ironie ist die Waffe der Meinungslosen

Wie sich die Böhsen Onkelz vorbereiten:

»Und dann tappst du nach rechts und brüllst: Wir sind eins! Wieder e-i-n-s! Ohohoheho!« Stephan Weidner grinst zufrieden. Der Liedtexter der Böhsen Onkelz führt behutsam seine Kevin-Russel-Marionette zum Bühnenrand der neuen Hockenheimring-Miniatur. In wenigen Wochen spielt seine Band am echten Ring. Vier Konzerte vor jeweils hunderttausend Zuschauern. Da muss alles sitzen.

Bloß ist Kevin Russell, der Sänger, nicht der allerzuverlässigste Genosse. Man sagt ihm lieber, was er sagen soll und wie er sich zu bewegen hat. Nach einem Autounfall und einer Haftstrafe ist er noch eine Stufe weiter in die Debilität abgerutscht. Weidner weiß: Man muss Russell jeden Move einbläuen. Deshalb die Puppe und das Bühnenmodell im Maßstab 1:20, da kann der Chef vorab alle Abläufe der Shows minutiös planen.

Billig war das nicht. Aber Weidner hat den Nürnberger Miniaturenhersteller runtergehandelt. In Bayern gibt es nach dem Zusammenbruch der Zinnsoldaten-Industrie immer noch die besten Massenfigurenschnitzer. Auf den ersten Blick sehen in seiner hunderttausend Mann starken Publikumsarmee alle gleich aus, tatsächlich sind sie aber ganz individuell gestaltet. Es gibt sogar weibliche Figuren, die ihr T-Shirt hochziehen können. Weidner, Bassist und Gehirn der größten Band Deutschlands, freut sich an den Details und seinen eigenen Gefühlen.

»Größte Band Deutschlands? Größte Minderheit der Welt, Alter!!«, korrigiert er sich selbst und stößt dabei versehentlich einen der Hinterständler um. Sofort fallen dreiundzwanzig- bis vierundzwanzigtausend Männchen dominosteinartig um. *Damn' mierda!* Weidner flucht gleichzeitig auf Irisch und Spanisch. Er lebt seit Jahren in Dublin und auf Ibiza, als erstes beherrschte er die Kraftausdrücke.

Okay, Mund abwischen, Onkelz jammern nicht. Die umgefallene Crowd soll halt sein Gehilfe und Privatsekretär, Der Germane, wieder aufstellen: zwei Meter große Treue, ein Meter breite Muskeln. Den Germanen fand Weidner durch eine Anzeige in seiner Lieblingszeitschrift *Landlust*. Da stand: »Mann (39, dt.) sucht Arbeit oder bringt sich um!« Den muss ich nehmen, sonst kommt der noch bei Rammstein unter, dachte sich Weidner.

In diesem Jahr gibt es nicht nur diese vier bombastischen Konzerte, sondern auch neue Merchandising-Artikel. Onkelz-exklusiv sind die Sonnenbrillen, mit denen man seitenverkehrt gucken kann. Aus rechts wird links: meta-genial! Wenn das nicht im Lügen-Feuilleton einschlägt. Die Fans kaufen eh alles, sogar Aufkleber für Heckscheiben, wenn sie gar kein Auto haben.

Aber die Shirts, auf denen »Ex-Nazi-Vorgruppe von den Rolling Stones« steht, können die Agenturensöhne mal schön einstampfen. Obwohl der Spruch wahr ist, war das eine unlustige, scheiß-ironische Idee. Da können nur Werber drauf kommen. Weidner schäumt, wenn er daran denkt: Die müssen mal kapieren, dass bei uns nichts ironisch ist. Ironie ist die Waffe der Meinungslosen! Bei den Onkelz ist alles 1:1, alles wahr und alles alles. Weidner isst zum Aggressionsausgleich eine Haselnuss oder zwei.

Plötzlich vibriert das Telefon dumpf an Stephan Weidners Gemächt. Wahrscheinlich der nervende Ben Becker, der wie

2014 für eine runde Summe kinskimäßig den Ansage-Kasper vorm Konzert machen will. Hat wohl wieder etwas zu wenig Puderzucker auf seiner Berliner Sahnetorte.

Wegen der Erschütterung fällt noch eine Mehrheit der Minderheit der Figuren um. Verdammt, haben die etwa alle kein Rückgrat aus Blei? War doch extra bestellt. Muss man den Preis in Nürnberg eventuell nochmal um eine Null drücken. Deutschland, Land ohne Eier.

Wieder eine ZEIT-Glosse. Das war wirklich irre im Jahre 2015: Die unglaublich beschissene Band spielt in kurzer Zeit vor mehr Leuten als je eine andere Band auf der Welt. Ich habe mich mal kurz in die Vorbereitungen für diese Konzerte hineinmanövriert. Der erwartete Lohn: Schön viele Hasszuschriften von Onkelz-Fans, die mir vorwarfen, ich könne ja gar nicht dabei gewesen sein da beim Figurenaufstellen vom Weidner, der wohne ja in Irland. Stimmt.

Liebe Hidenseeler, Sylter und Berliner

Wir aus Hamburg, der »Nabelfickerstadt am Elbedelta« (*Hanseplatte-Newsletter*) fragen uns, wie es euch als Inselbewohnern so geht nach dem Brexit-Ding in England. Geht es euch ähnlich? Wollt ihr auch raus aus Ost- und Nordsee und Deutschland? Von uns weg? Endlich mündig sein, autonom und »*free as a bird*« (The Beatles)?

Wir möchten zu bedenken geben, dass eine solche Freiheit auch immer die Freiheit des Andersdenkenden ist. Arschgeigen wollen plötzlich ein Solo spielen, obwohl noch gar nicht klar ist, ob es ein Solo geben kann und in welchem Stück an welcher Stelle.

Ebenso unklar: Wer tankt die Millionen Laster, die im Leerlauf vor dem Zoll vor sich hin brummen? Der Mexikaner, okay! Aber ersetzen die dann auch die vielen guten englischen Restaurants in unserer City? Wohl kaum. Und dann diese schreckliche semantische Hilflosigkeit: Ist Wolke 7 geiler als Cloud 9, soll es Hunde und Katzen regnen oder Bindfäden, trägt man die Kohlen nach Newcastle oder die Eulen nach Athen, haben Lügen keine Beine oder kurze. Puh.

Sollten wir all diese Fragen nicht lieber im englischen Köcher stecken lassen? Um uns auf das zu konzentrieren, was wir Festländer am besten können, nämlich ohne Palmen Palmöl verbrauchen, ohne Ende was anfangen und ohne Kuhfuß Fässer aufmachen?

»Die Antwort ist im Wind geblasen« (Babelfish Dylan).

Die 10 besten Stellen bei der Rede von Ben Becker vor den Böhsen Onkelz 2014

»Hallo, Kinderz! Seid ihr alle da? Dann begrüßen wir euch mit einem lauten Puspilein!«

»Begrüßt die Nase, Ohren, Mund, auch euren Bauch, Herrn Kugelrund. Begrüßt die Onkelz, diese Bösen, und auch die Probleme, die sie lösen!«

»Nee, das war von Meret, der Betschwester. Falscher Zettel, verfickte Hosentasche.«

»Oder soll ich später nochmal wiederkommen? Harhar, reingelegt, ihr alten Lemminge, ihr sagt wohl zu allem Ja und Amen, falsch gewickelt, ich bleibe!«

»Ehrlich, ich wollte eigentlich nur zum Autorennen, ich hab meinen Führerschein wieder, aber das passt ja auch hierzu, was?! Hahah, brüll, heile Gänschen!!«

»Die Musik, die jetzt kommt, macht Eier hart und Pimmel zart! Also Hose auf, Männers!«

»So, was wollte ich noch loswerden? Wisst ihr eigentlich, dass ich die alten Bibeln meines Vaters in der Unterhose auftragen musste? Nein? Er meinte, das spart Klopapier und wisst ihr was, Freunde: Das stimmt! Beifallt jetzt, ihr Ungläubigen!«

»Ihr seid so Durchfall, ihr seid auf dem Misthaufen der Geschichte aufgewachsen, in dem ich die Nadel des Vergessens versteckt habe!«

»Ich muss mal.«

»Wusstet ihr eigentlich, dass ich bald sterbe?«

Privat baut Ben Becker übrigens sehr gern Flachköpperdämme, die er von einer cholerischen Brandung religiös umspielen lässt.

Thema Musik

Ich frag mich gerade: Musik, was ist das eigentlich?

Mit der Zeit wird sie immer schneller, das ist bewiesen, darauf kann man wetten. Im Neandertal galten 20 BpM (Beats per Minute) bei den Speedcore-Bands als enorm schnell und waren Tagesordnung, bei den Beatles hat dann Ringo schon richtig Zwischengas eingebaut, und heute ist 240 BpM in den Balladen Standard. So ist die Entwicklung.

Schwierig dagegen ist das Verhältnis der Musik zur Polizei. Die Beamten wollen eigentlich nicht, dass Musik gut laut rüberschallt aus Boxen oder Gesichtern. Problematisch war das schon beinahe überall. In England, beim Reggae oder einfach mal zwischendurch – immer gibt es Ärger. Da hat die Musik nix gelernt in den letzten Jahrzehnten, das muss man so klar sagen.

Was Musik gut kann, ist übertriebene Stile abbilden. Als Zeichen ihrer Ablehnung des trüben Alltags von Schule, Job, Slum und Familienbüro, Hauptsache oversounded. Wild gehen Hedonismus, cooles Fucking, Offbeat und Themenmurmeln durcheinander. Unterm Strich kommt immer raus: Flucht in die Flucht, Abfahrt, Rolltreppe. Das ist das Wesen der Musik, drunter macht sie es nicht. Wer es braucht.

Nicht unerwähnt lassen sollte man die Herkunft von Musik, die ja bei jeder Kontrolle angibt, in Kultur geboren zu sein. Das klingt schon mal wertig, da erntet man sofort gratis Props, aber stimmt das denn eigentlich? Ist Musik nicht auch Schund, Semiotik, Urlaub und heilige Scheiße? Ist sie, ist sie. Will sie nur nicht wahrhaben, aber das ist bei allen Machthabern auf der Erde so: Mit Scheuklappen und ohne Spiegel leben, das können die Damen und Herren vom Gesangsverein.

Okay, bei der Musik ist das nicht so schlimm. Musik kann Bezahlvorgänge optimieren, das faule Obst kaufbarer machen, die Jugend sedieren, die Alten vergreisen lassen – also nichts richtig Schlimmes anrichten. Dennoch würde ich mir als Person wünschen, dass Musik sich mal wieder auf das besinnt, was sie kann. Nämlich irgendwas mit Medien.

Hallo, ihr Astronautinnen und Kosmonauten des Landes

Diese Woche ist ja wieder Mondlandung!
50 Jahre Major Tom, 50 Jahre Anführungszeichen.
»Mondlandung«, hahaha!
Wenn es die vor 50 Jahren wirklich gegeben hätte und nicht nur als Film, dann wäre doch die Technik 50 Jahre später soweit, dass *jeden* TAG da ein paar Leute hinfliegen. Allein schon wegen ihrer Instagramability.

Aber nein, das ist zu teuer, sagen die Verschwörungsverneiner. Wie, nicht mal der Reichtum des reichsten Mannes der Erde und des Tesla-Vogels reicht für den Mond?

Nein, das interessiert keinen, sagen die Verschwörungsungläubigen dann. Wie, diese aktuellen Menschen wollen sich nur ungern von der Erde abfotografieren lassen, wie sie auf einem anderen Planeten stehen? Das wäre wirklich irre, wenn die so eitel drauf wären, *irony off*!

Nein, die Fußspuren und dieses komische Autogerüst und die Fahne und den Pipibeutel kann man aktuell nicht sehen, das ist zu weit weg, sagen die Verschwörungsnegierer. Als gäbe es nicht mal die Nikon P1000, mit der man sogar in den Nebel des Saturn zoomen kann.

Also, das sind ja wohl Beweise genug! Dafür, dass wir noch alle beisammen haben und nachdenken können.

Ich habe diese Beweise jahrelang gesammelt und jeden Tag überprüft. Bitte an info@hanseplatte.de weitere schicken, damit wir endlich der Mondlandungsverschwörungsverschwörung etwas entgegensetzen können! Danke.

Eine Band

Die Band ist neu, die Band ist gut. Schon gehört, gesehen, was bei getrunken? Neulich ja, am Festival, neulich ja, auf YouTube, neulich ja, auf Pille. Nur den Namen kann ich nicht aussprechen, wieso fehlen bei denen die Vokale oder die Konsonanten, achso die kommen aus Usbekistan, nein, nur der Drummer, der lebt gerade aber in Berlin, ich kenn jemanden, der mit ihm zusammenwohnt und neulich haben die beide zusammen aufgelegt ganz spontan auf der Brücke, am See, bei der Pre-Afterhour, beim Getränkedosenherstellerevent, eins von den dreien. Besonders gefällt mir, wie die Bandmitglieder Feminismus vollkommen aussparen, beim BDS den Hörer nicht abnehmen, jede Woche ein neues Mitglied aufnehmen und eins rauswerfen, diesen Sound benutzen, den die Dirty Projectors den Flaming Lips abgeflangert haben, kurz: die ganze Erscheinung, das Auftreten, die Performance, der Style! Pro Stück haben die entweder keinen Refrain oder nur Hooks, eins von beiden, muss mal meinen Vater fragen, der sammelt Schallplatten und hat Ahnung, kennst du eigentlich Jimi Hendrix oder die deutsche Band Qualm, die ersten beiden Alben von denen feier ich so hart. Na ja, ich sag mal: Lasst uns nicht auseinanderdiversifizieren, nur weil du was anderes hörst, isst oder guckst als ich, wir sind doch beide von unserem Lieblingsplaneten Erde, wir müssen Erden-Politik machen, findste nicht auch? Lass uns doch eine Erde-Partei gründen, da sind dann alle drin und man streitet sich nur noch intern und nicht so wie gerade offen und im Netz. Mir fällt dazu sicher auch noch ein Track ein. Also schüss!

The first cut is the Beatles

Denken Sie auch oft, Sie haben den ANFANG verpasst? Egal von was, aber den ANFANG?

Der ANFANG ist doch immer am schönsten. Danach setzt unmittelbar die schrittweise Verödung, die euphemistisch Konsolidierung genannte Phase ein, dann die Vergreisung, die um Längen zum frischen Urzustand weniger aufregende Halbtotheit der Normalität. Ist doch so! Oder modern gesagt: Isso!

Das Leben sollte nur aus ANFÄNGEN bestehen. Unsicheren, wackligen, aber neuen Schritten. Schritten auf so noch nie angegangenem Terrain. Schritten ins Wagnis, die ...

Fragment, das dem Lektor so gut gefällt, dass ich es nicht weiterschreiben darf.

Kundenbestand

»Nein«, sagt der Verkäufer namens Namensschild. »Das ist nicht die Schallplatte, die Sie suchen.«
Er lacht ein wenig. Ich nicht.
»Nein? Wer ist denn auf der Platte zu hören?«, frage ich.
Die Verkäuferin hinten schaut weg. Ein bisschen zu uninteressiert, auf einmal.
»Unterschiedliche Künstler! Musiker.«
Würde ich nichts sagen wollen, griffe ich auch zu dieser Antwort. Und dann wieder diese Stille, diese verdammte Stille.
»Und das hier, was ist das?«
Der Verkäufer schaut auf den Boden, als hätte er mich nicht gehört. Wie bei Depressiven müsste ich jetzt einen Ball hochwerfen, damit sich seine Augen nach oben richten, aber ich habe keinen Ball dabei. Die Verkäuferin vertritt den nun Stummen und sagt ebenfalls nichts. Niemand antwortet. Der Ventilator summt auch nicht, weil es keinen gibt.
»Mein Gott, was ist hier nur los? Hallo?«
Mich macht dieses Verkaufsgespräch langsam, aber sicher wuschig. Haben die hier keine Ahnung oder zu viel Ahnung?
Ich versuche es mit einem Buch. Es liegt eingepackt inmitten anderer Bücher. Das ist normalerweise nichts, was meinen Verdacht erregt, aber hier habe ich ein ungutes Gefühl. Ich täusche mich nicht.
»Das ist eine Neuerscheinung«, beeilt sich plötzlich der Verkäufer zu sagen und stellt sich vor den Tisch. Seine Kollegin geht derweil vorgeblich unauffällig durch den Eingang. Die Ladenglocke läutet.
Ich verstehe nun.

Mit einem Ruck reiße ich das Buch vom Stapel. Beide wären blass geworden, wenn sie noch Farbe in ihren Gesichtern gehabt hätten. Aber es ist längst zu spät, ich weiß es. Und sie auch.

»Das haben wir alles mehrfach! Alles!!!«

Sie ist längst wieder hinter dem Tresen und lauert – obwohl aschfahl – an der Kasse. Er schürzt die Lippen und nimmt eine passive-aggressive Stellung ein.

Was für erbärmliche Verkäufer, denke ich und sage es auch: »Was für erbärmliche Verkäufer Sie sind!«

Das ist zu viel. Zügig entwenden sie mir meine Tasche, fesseln mich mit Gaffa und stecken mich auf die Toilette, wo ich bis jetzt lebe. Diese Zeilen habe ich mit meiner Zunge geschrieben, die ich in meine Jackentasche strecke, wo ich das Handy vermute.

Wenn Sie also diese Nachricht lesen, bin ich immer noch gefangen hinten in dem Geschäft. Bitte fragen Sie nach mir. Bitte! Ich weiß nicht, wie es heißt, aber es gibt Bücher und Platten und einen exzellenten Service.

Die unwichtigen Fragen der Woche

»Ist das Wasser heiß oder kalt, das der untersetzte Mann in die Wanne eingelassen hat und in das er den Kopf meiner Mutter untertaucht, um aus ihr ein Geständnis rauszupressen?«

»Warum werden Kranke gesund?«

»Warum gibt es kein Shampoo für soeben mit Shampoo gewaschenes Haar?«

»Haben die Mainzelmännchen untereinander mal gebumst oder woher kommen sie?«

»Wenn ein Kühlschrank wählen könnte, wär er jetzt lieber eine Heizung oder eben gerade nicht – Stichwort kalte Wohnungen, Stichwort Energiesparen?«

»Was war zuerst da: Löffel oder Ei?«

»Ist Kanye West doof oder Kanye West?«

»Bin ich zu empathisch, wenn ich mich frage, ob ich Leon wegen seinem mehrfach gebrochenen Bein nach Hause schicken soll oder bin ich gar nicht seine Kindergärtnerin?«

»Haben die in Berlin ihre Hausaufgaben gemacht?«

Sängerkrieg der Blasehasen

Jan Böhmermann hat den Rapper Haftbefehl mit seinem Video »Ich hab Polizei« parodiert. Der reagiert mit dem Song »CopKKKilla«. Wie soll das weitergehen? Was kommt als Nächstes im Sängerkrieg der Blasehasen? Hier der hundertprozentig authentisch verifizierte Ausblick:

Jan Böhmermann wird mit »112, spritz mich an, Feuerwehrmann« kontern. Bushido greift ein mit »SchlauchwiXXXer« und macht sein Abi nach. Das lässt Olli Schulz nicht auf sich sitzen und haut seine neue Single raus: »Dürften wir unsere Afterballen hier platzieren, Du Muhme? *featuring* Einsamer-Edeka-Opa«. Hafti nennt sich um in U-Hafti und erwidert mit E-Musik: »Bimmsch, Du Schlickser, brandschatze mich!«, eingespielt mit dem Orchester für Artige Musik, Offenbach.

Sido bringt den Song »Kollegah kommt gleich!« raus. Aber Kollegah kommt nicht. Er versteckt sich in der Küche von Steffen Henssler, das XXL-Proteinschnitzel ist gleich gebraten. Das Bo antwortet mit nichts.

Marek Lieberberg schaltet eine Anzeige für alle in der *Barbara*. Die Schöneberger fordert ein Autogramm von sich selbst an, vergisst aber das Rückporto. Egal, ihre kreuzgelaunchten Add-ons *Barbalollo* und *Barbabubu* gehen eh Gold.

Universal bringt eine 17-CD-Box mit unveröffentlichten Rautezeichen von Angela Merkel raus, aber das hat damit gar nix zu tun, sagt Franz Beckenbauer, der köstliche Fleischlappen. Er wird Ehrenpräsident bleiben. Zurück zur Musik, der schönsten aller Kunstformen! Das darf man bei all dem Gemache nicht vergessen, sagt Herbert Grönemeyer, der bislang mit Musik nichts zu tun hatte, aber sich damit in Zukunft beschäftigen will, wenigstens theoretisch.

Die Frau, die im Edeka-Spot so weint, möchte auch bei Olli Schulz mitmachen, verwechselt ihn aber im Telefonbuch mit Olaf Scholz, der hocherfreut ist, seine Hamburg-Olympia-Schlappe imagemäßig wettmachen zu können. Ergebnis: der gemeinsame Track »Wie hätte ich Euch denn sonst alle zusammenbringen sollen?«, untermalt mit Geheule und generischen Pianoläufen aus der Hölle. Platz 1 zu Weihnachten in Deutschland.

Daraufhin bricht eine Welle sentimentalster Songs mit Crossover-Potential über das Land herein und revolutioniert die deutsche Sprache sowie ihre Rhetorik über Nacht. Heino hat Mitleid mit Matussek, Cro mit Casper, Casper mit Melchior, König Herodes mit Till Lindemann wegen der Thomalla, sorry, war ein Witz. Alle machen Lieder über ihre Gefühle oder Feelings mit gesellschaftlicher Relevanz.

Sprache trifft auf Worte, Musik auf Töne. Eine frische kulturelle Brise fegt den Deutschen die Möbel durch. Alle sind offen, ganz nah bei sich und kommen aus den Stützstrümpfen.

Revolverheld singen über ihren facettenreichen Alltag mit einer beispiellosen Eloquenz, ohne auf teure Inspiration zurückgreifen zu müssen. Clueso vertont Goethe, aber nur die Präpositionen. Wegen der Fallhöhe oder reduzierter Bandbreite online, man weiß es nicht.

Sarah Connor tröstet die Onkelz, die Beef mit ihren ehrlichen Fans wegen einer verlogen teuren Schmuckkollektion haben, indem sie den ganzen Tand aufkauft. Den Einschmelzvorgang nimmt sie im Tonstudio auf und lässt Fler drüberrappen. Ich werde vergessen haben, was genau. Futur Zwei nennt man diese Bewegung, etwas schon vorher gehabt zu haben.

Da machen jetzt immer mehr mit, Mark Zuckerberg wird ein Prozent seines Vermögens reinstecken und nicht wieder rausholen.

Am Ende fühlt sich Marcus »Rap« Staiger für den ganzen Schlamassel verantwortlich und führt offene, schonungslose Interviews mit der Szene, in denen er alles an Credibility und HipHop-Wissen abruft.

Jan Böhmermann legt sich Zweit- und Dritt-Twitter-Accounts an, um der Sache jede Minute bissig-ironisch kommentierend Herr zu werden. Irgendwo bellt ein Löwe und jemand wässert seine Flunder.

Diese Weissagung erschien 2015 in der ZEIT. Bis auf den letzten Satz ist davon fast alles wahr geworden.

Welt im Bild

Worte sind schön. Bilder sind schöner. Aber mal unter uns Putzerfischen: Die echt interessanten Pics gibt's ja gar nicht. Zum Beispiel ein Bild, wie ich geboren werde: Gibt's nicht.

Das gibt's nicht mal von Elvis oder Jesus! Dieser Jesus hatte eh ne schwere Kindheit, weil bei ihm Weihnachten und Geburtstag zusammenfielen, das nur mal so nebenbei.

Wo waren wir stehengeblieben? Ach ja, bei den Fotos, die es *nicht* gibt. Gibt auch kein Bild vom Spotify-Gründer beim Geldkacken, keins von der Sonne im Schatten, keins von einem Toten, der Lebkuchen isst, keins von meiner Mutter, als sie meinen Vater in der Dunkelkammer verführte, keins von Kanye West, wie er seinen Namen ändert und ne Stimmungsschwankung hat und sich n Ei pellt.

Gibt's alles nicht.

Sind diese Bilder vielleicht zu hart? Weigert sich die Krake AGFA das zu zeigen? Sperren die ihre Archive gezielt? Na ja, vielleicht wollen wir das alles auch gar nicht sehen. Wer für alles offen ist, ist nicht ganz dicht, sagte meine Therapeutin neulich. Ich glaube, sie hat recht. Vielleicht frag ich sie mal nach Verständnis für mich, ich hab ja selbst keins, geschweige denn ein Bild von mir.

Hallo Pilger:innen!

Hab grad nicht viel Zeit für euch, weil ich gleich auf dem Jakobsweg bin. Muscheln essen. Haha, nein, kleiner Scherz. Bin aber übers Wochenende kurz den Pilgerweg abreißen mit diesen Rollern.

Weiß irgendwer, ob es da vollgestromte Roller auf dem Weg gibt? Der Akku reicht ja leider nicht so lang. Würde auch traditionell mich mit einem Bein abstoßen, aber das rechte ist von dem Unfall noch beeinträchtigt. Deshalb fahre ich auch dahin, weil Gott mich da heilt am Ende. Für den Rückweg ist das ne okaye Idee, klar! Aber erstmal hinkommen, ne?

Hat jemand von euch mit den Paellas am Wegesrand Erfahrungen? Sind die schön kross? Was ist eigentlich mit dem Pfand da auf der Strecke? Nehmen die deutsche Flaschen?

Ich frag mich das schon. Auch WLAN, wie ist das, wenn dann um sechs Uhr morgens wegen Sonnenaufgang plötzlich alle ins Netz wollen wegen ihrem Online-Morgengebet? Hält das dann? Eine gute Reisevorbereitung gehört für mich zu jeder Reise.

Übrigens auch Musik. Habe alles dabei, von ABBA bis Zappa, von Hape bis Pape. Ich bin ja da geschmacklich so gar nicht eingeschränkt, nee! Ich hör alles. Nur gut muss es sein, sag ich immer. Übrigens gilt beim Jakobsweg rechts vor links ...

Pfannenfertig

Jetzt machen Sie schon! Brennen Sie Ihre zwei Pfannen ein. Ja, jetzt. Die haben Sie doch so lange gejagt! Weil man sie nur am jeweils Monatsersten bestellen kann, und auch das nur ein paar Minuten lang. Die kommen aus einer uralten Pfannenhandschmiede, und das bedeutet wenig Produktionskapazität, aber höchste Güte. Sie hatten doch Ihre Bestellung bereits vor Monaten getätigt, nachdem Sie Jahre gewartet hatten. Aber das war kein sinnloses Warten, kein ziehendes, ätzend langes Warten, sondern ein leichtes Warten auf etwas Schweres. Qual entsteht ja nur bei gewollten Nichtleiden, dann verklemmt sich alles, das ist bekannt. Das vermeiden Sie schon, seitdem Sie Rücken hatten. Also jetzt sind die Rohpfannen da und sie müssen erstmal eingebrannt werden. Dafür lassen Sie Öl mit niedrigem Rauchpunkt heiß werden, bis es denaturiert und eine Patina bildet, so stand es geschrieben in der mehrsprachigen Betriebsanleitung. Wie gut, dass diese Pfannen nicht durch den Suezkanal mussten. Wie gut, dass das Öl auch nicht durch den Suezkanal oder einen anderen Handelsflaschenhals musste, dann wäre es erst in Monaten da und vielleicht schon schlecht. Es riecht trotzdem ekelhaft hier und jetzt. Alles stinkt. Anbrennen, damit später nichts anbrennt, aha. Das ist alles so krank. Wie das nun qualmt, das kann doch nicht gesund sein. Hölle. Jetzt geht der Feuermelder an. Wie er ausgeht, wissen Sie, nämlich da oben auf den Knopf drücken, aber da kommen Sie nicht ran, weil die Decke zu hoch ist. Einen Besenstiel haben Sie nicht mehr, seitdem nur noch gesaugt wird. Was für ein nervenzerfetzender Sound das ist. Als ob Lärm ein Feuer löschen würde. Irre alles. Warum klingelt es jetzt? Sie hassen alles. Die Bratpfannen sind nun tot, weil vollkommen

überbrannt. Zu viel krosser Belag, schwärzer als schwarz. Sie hauen sie beide dem Nachbarn ins Gesicht, der Sie fragen wollte, ob er die vor die Tür gestellten, noch gut aussehenden Teflonpfannen wirklich haben könne, er traue dem Schild »Zu verschenken« manchmal nicht. Die Antwort bekommt er. Schneller als er die Frage stellen kann.

Dialektik in Hektik

Hilfe! Worte und Autos, wohin man schaut! Unendlich viele gibt es von beiden und ihre Besitzer erkennen in ihnen – jeder für sich – beim Benutzen immer die notwendige Notwendigkeit, wenn nicht gar die vollrohre Superwichtigkeit und vielleicht sogar den Anbruch einer neuen Ära, wenn nicht gar: den Fortschritt der Menschheit auf eine nächsthöhere Evolutionsebene, also dass endlich die anderen ihre Klappe halten mit ihrer Scheißmeinung oder aus dem Weg gehen mit ihren mindertourigen Quatschwagen, Vespas, Apes, Rollern oder Fahrrädern, damit endlich alle, ich meine *alle* einsehen, dass es zwischen Angehörigen einer Gattung mehr Trennendes gibt als Verbindendes.

Ansonsten haben die beiden Sachen natürlich nichts miteinander zu tun, außer dass sie beide miteinander nichts zu tun haben. Das sagt der Richtige!

Krankheit als Weg

»Mir fällt die Arbeit seit vierzehn Tagen sehr schwer, Herr Doktor.«

»Lieber Herr, das ist doch normal bei einem Krankheitsverlauf wie dem Ihren.«

»Ja?«

»Ja. Sie haben doch seit Wochen Auswurf und Nässe. Das beeinträchtigt doch, oder?«

»Furchtbar ist das. Ständig Sackblei. Wandernde Schwelangst kommt sicher auch noch, ich spüre es schon im Thorax.«

»Eben. Normal, dass man da schlecht arbeiten kann. Und dann die OP nicht zu vergessen.«

»Das Ziehen der Fingernägel von acht der zehn Finger wegen des heimtückischen Nagelbettvirus?

»Anders war das nicht zu behandeln. Teilamputationen müssen immer durch zwei teilbar sein, sonst geht es sich nicht auf.«

»Natürlich. Verstehe ich ja. Nur gut, dass Sie mich täglich abends zur Ader lassen, Herr Doktor!«

»Sie sind einer der wenigen, bei dem das noch Sinn hat. Ihre Werte sind seitdem stabil.«

»Richtig. Nur fällt mir halt das Pendeln zur Arbeit sehr schwer.«

»Das wird schon wieder.«

»Können Sie mich nicht krankschreiben?«

»Dazu müssten Sie zu mir kommen.«

»Ich bin doch hier.«

»Ja, aber nur in Ihrer Funktion als Assistenzärztin. Als Patientin müssen Sie zu mir kommen.«

»Ich muss deshalb erst nach Hause, um dann wieder hierher zu Ihnen zu fahren? Ich muss den laut VICE weltweit viert-

gefährlichsten Weg zur Arbeit machen, damit Sie mir einen gelben Schein geben?«

»So schlimm sind dieses Jahr die Hyänen zwischen Kilometer 250 und 320 nicht. Auch ein Schneesturm oder die kaputte Hängebrücke sind nicht zu erwarten. Erstens ist Sommer und zweitens haben die Ureinwohner die Brücke durch eine Strickleiter ersetzt.«

»Aber ich brauche ja drei Tage nach Hause und drei Tage wieder hier hin. Wie soll ich mich die sechs Tage ernähren?«

»Vergessen Sie nicht die sechs Tage, die Sie brauchen, um mir den gelben Schein zu bringen. Den müssen Sie beim Arbeitgeber abliefern.«

»Was??«

»Es gibt Astronautennahrung. Die ist leicht und durchaus lecker.«

»Sind Sie überhaupt Arzt?«

»Unter anderem. Ich bin auch Arbeitgeber, Mensch, Mann und Familienvater.«

»Dann bin ich Ihre Frau?«

»Ja. Wir haben uns vorgestern beim Tag der offenen Tür kennengelernt.«

»Stimmt. Dann könnten wir uns ja duzen!«

»Gute Idee. Unsere Kids haben schon komisch geguckt.«

»Ich fühl mich schon besser jetzt.«

»Sehen Sie! Ich bin halt der führende Arzt für Krankheiten als Weg!«

»Das bist du, Henning, das bist du!«

Tipps für die heiße Zeit

Hallo ihr »Puh«s!
Was ihr braucht, sind Tipps für die heiße Zeit!
Zufällig sind hier welche »reingeschneit«:

Viele Worte aus dem Winter benutzen, das kühlt!
»Reingeschneit« hab ich ja schon gerade benutzt, du Frostbeule! Außerdem schön cool: »Winterreifen« anstatt »Sommersteifen« sagen oder ab und zu mal ein »Lawinengefahr« (für Grobhusten) oder »Gletscher« (für Genscher) in den aktiven Wortschatz »schliddern« lassen.

Jetzt Kinder gebären!
Klarer Vorteil: Alles flutscht besser, schweißnass ist man eh. Der Mutterkuchen ist blitzschnell kross gebacken und außerdem ist ein Dammbruch im Moment höchst unwahrscheinlich.

Schnell ein Matriarchat gründen!
Die Gelegenheit ist zu günstig: Alle Männer sind abgelenkt durch ihr Kurvengestarre outdoor, frau kann richtig Meter machen beim Kräftesammeln und Einschleichen ins EU-Parlament.

Nach Pfeifen, Mehlsäcken, Knäckeboxen, Papageien und Muffs im Fachhandel suchen!
Billiger als jetzt werden sie nie mehr. Der Nachschub über die Wasserstraße von Algier lief nie besser, aber die Nachfrage in Deutschlands Kiosken geht gegen null – also? Genau.

Umgehend Sternzeichen wechseln!
Die meisten sind beschäftigt mit trüben Gedanken, weil die nächste WM noch vier Jahre hin ist oder man so eklig zwischen den Fingern schwitzt. Und achten wegen der Hitze gar nicht drauf, was man jahrelang für ein Sternzeichen hatte. Keiner wird nachfragen, einfach ein besseres wählen, geil.

Die Hitze kommerziell ausnutzen!
Zum Beispiel einen halbvollen Tanklaster klauen. Dann in die Sonne stellen, das Öl dehnt sich volumenmäßig aus, man hat also vermeintlich mehr drin und verkauft das Ganze als »voll« zum besseren Kurs. Clever!

Fantasie ist wie Beton

Stell dir vor, du bist ein vierzehn Jahre alter Junge. Deine Eltern nehmen dich jetzt mit in den FKK-Urlaub nach Frankreich. Deine sechzehnjährige Schwester fährt auch mit. Aber nur bis Belgien, wo sie sich mit Freunden trifft. Sie fragt, warum du nicht ihr Clearasil genommen hast, so wie du aussiehst grade.

Im November in der Nudistenkolonie Cap d'Agde zu campen, ist richtig, richtig billig. Deshalb fahrt ihr auch ausnahmsweise auf der Autobahn raus und dürft in einem Restaurant alles bestellen. Und nicht nur die Kinderteller bei Nordsee im »Dammer Berge«.

Pommes haben sie hier leider nicht, nur Kroketten. Aber das ist ja so ähnlich, sagt deine Mutter. Wie gut, dass man nicht so viel Anziehsachen braucht für die Reise, spart man Benzin. Dein Vater lacht über diesen Witz. Es ist sein eigener.

Du bist jetzt auf einer Toilette. Das dreilagige Klopapier »Triple Willy Neutral« gibt dir die Liebe, von der du nicht mehr wusstest.

Am besten wäre doch, sich doch etwas anderes vorzustellen als das. Ergebnisoffener, freier. *Only the sky is the limit*! Vielleicht kannst du dich inspirieren lassen: von den Autobahnkirchen oder den rosa Frottee-Überzügen für Fahrradsattel in FKK-Anlagen.

Wird schon klappen. Wofür hat mensch sie sonst, die Fantasie? Sicher nicht für das Schmutzige, Hässliche und Gemeine. Sondern für sich selber hat man sie. Fantasie ist wie Beton. Es kommt drauf an, was man draus macht.

Das Mensch ist die beste Hund von Tier

Was uns von Tieren unterscheidet, ist das Internet.

So dachte ich bisher.

Aber dieses Denkgefüge wurde mir gestern unschön zerrüttet, als ich sah: Bei H&M gibt es jetzt Tierkleidung. Hoodies für Hunde. Ein wattiertes Mäntelchen für 79,90 Euro sowie Halsband und Leine mit Moschino-Logo für jeweils 99 Euro.

Das wird erst der Anfang sein! Schon bald werden uns die Tiere alles andere auch wegnehmen: erst Arbeit, Alkohol, Religionen, dann Urlaub und Sport irgendwann, irgendwann auch die Musik und das Netz.

Wollen wir es so weit kommen lassen? Wollen wir als Erfüllung der Schöpfung dies zulassen? *Nein!* Dann hat man gar nichts mehr, was einen vom Animal unterscheidet. *Nochmal nein! Nochmal Ausrufezeichen!*

Es bleibt nur eins: Jetzt noch menschlicher werden! Zum Beispiel jedem Kaufimpuls nachgehen. Waren kaufen, Länder kaufen, Gefühle kaufen, Sex kaufen. Alles kaufen – bevor die verdammten Tiere auch Geld haben und angewedelt kommen!

Dann könnte man ihnen noch den Schwanz abschneiden, aber das ist am Symptom kuriert. Noch können wir in alle Richtungen denken und nicht nur in alle Richtungen wegrennen. Noch ...!

Arme Beine

Thema Weltmeisterschaft. Die mit Fußball. Nicht mal ein Sport für Arme, das ist ein Sport für Beine!

Für Beine, muss man sich vorstellen: Für des Körpers notwendige Kackstelzen, zwischen denen immer eine flüssige Unruhe herrscht! Fußball: Ein Sport ohne Anspruch.

Die Arme sind doch der Schöpfung *highest interest*, die Arme! Beine können nur rennen und umknicken. Unvorteilhafte Moves in Minus-Aura.

Arme dagegen: Sie können winken, umarmen, rudern, onanieren. Können geile Sachen. Beine? Nix davon. Nur treten, foulen und arme Regenwürmer ins Grün rammen.

An den Armen sind die schönen nackten Hände dran, die wunderbarst auf Pianotasten enden. Das lässt sich auch der Neutrale unmöglich von der Netzhaut wischen. Beine enden in der Miefhölle Schuh. Das riechen alle.

Dennoch sind beim Fußball die Arme verpönt, da hält man Knie, Wade und Schenkel für hoffungsvolles Fleisch. Und die Arme? Die kriegen die Elfmeter reingewürgt. Ungerecht hoch zwo!

Beine kommen und gehen. Arme bleiben treue Waffenhalter. Um noch einmal auf das Thema zu kommen: Die Fußball-Weltmeisterschaft reitet auf zwei negativen Mähren gen Untergang. Meine Meinung.

Als erstaunlich großer Fußballfan und -Fachmann beschäftigt mich das Thema WM natürlich alle vier Jahre und die Jahre dazwischen. Welche Worte genau von mir sind, weiß ich nicht mehr, aber wir haben uns mit DEICHKIND 2014 im Song »Ich habe eine Fahne« textlich bis in alle Ewigkeit treffend so geäußert: »Ich hab eine Fahne, ich hab, ich hab eine Fahne. Ich hab eine Fahne und die weht durchs ganze Land. Packt die Tiere auf den Grill, macht die Rasenheizung an. Sklave bau den Tempel auf, Fifa treib das Vieh zusammen. Ein Monat Tunnelblick, Triplekorn, Doppelsekt. Schmier die Farben ins Gesicht, Selfie mit'em Pischifleck. Ich habe eine Fahne, alle Hemmungen sind gefallen. Happy Nation, alle Eins, kollektives Lallen. Gegorene Betäubungsmittel, easy inhaliert. Kniegelenke, Spielerfrauen, geil operiert.«

Geschäftsidee

Sechzehn Prozent aller Menschen gehen, nachdem sie Rote Bete gegessen haben, am nächsten Tag zum Arzt. Oh je, Blut im Urin, denken sie. Wenn der Arzt *schlau* ist, verschreibt er allen, die wegen anderen Wehwehchen kommen, nun Rote-Bete-Tinktur. Und erntet zusätzliche, einfach zu erklärende Krankheitsbilder und unkomplizierte, nicht niesende Patienten im Wartezimmer.

Wenn er *noch* schlauer ist, denkt er sich noch was aus, was mit Rote Bete *gar nichts* zu tun hat. Zum Beispiel was mit Spargel und Urintests. Um auch nach dem Rote-Bete-Boom im gentrifizierten Stadtteil ordentlich Marie zu machen. Aber Ärzten fällt ja außer Monet- oder Manet-Bildern in den Praxisräumen eher wenig ein, da braucht man schon eine *Idee*.

Es wäre also das Allerschlauste, sich als Berater für Ärzte zu verdingen und ihnen eine solche Idee zu liefern. Da verdient man ungefähr so viel wie damals beim Goldrausch die Typen mit den Sieben.

Nur mal so als Idee!

Mails

Eins ist sicher: Die meisten E-Mails sind nicht gut. Sie sind kacke. Haben keine Großbuchstaben – oder nur solche. Verwirren mit Betreffs wie »Sie werden voller Lust ist, zwingen Sie Ihren Weenie bereit, Schub zu sein!«, obwohl man nur Englisch spricht.

Die plötzlichen Unendlichkeiten, Gefühle ohne Worte, sondern mit Zeichen oder Normbrüchen auszudrücken, lassen offensichtlich viele Mailer beherzt zum Medium Mailsen greifen. Also einfach alles klein. Wegen einem oder irgendkeinem Grund. Egal ist 88, Hannover und 96.

Redet man dann mit den schlampig Schreibenden im persönlichen Gespräch bei einer Zichte, erfährt man, dass sie sehr wohl Groß- oder Kleinschreibung könnten. Aber angeblich »keine Zeit« hätten bis zur Umstelltaste zu kommen. Oder das ja »nicht schriftlich in *dem* Sinne« sei.

Ich mag mir gar nicht ausmalen, wie das ist, wenn Trinker oder anders Eingelegte nun auch noch Mails an uns schrieben! Wo würde das hinführen? Wenn in der Hölle kein Platz mehr ist, kommen die freien Radikalen auf die Erde zurück.

Aber es gibt auch geile Mails. Neulich hatte ich eine im Kasten, bei der die vordere Hälfte exakt die gleiche Wortanzahl hatte wie ihre hintere Hälfte. Ich versuche sowas selber schon ewig. Nie geschafft. Wahrscheinlich denke ich manchmal *zu viel*. Einfach fließen lassen. Wie alle. Dann wird man schon zurechtkommen, auch nach der Stimmungskippe, die sicher nach der moosigen Seite ausschlägt.

Aus meiner Politikfabel Mehr ist manchmal weniger!

Was macht Jochen Distelmeyer eigentlich so?

Weiter, immer weiter rauchen.
Taucht tief ein in die Faszination von Anbau, Qualität und Ernte.
In unsere Ohren schön reinsingen.
Irgendwas mit Boheme.
Englisch wieder salonfähig.
Sich locker und andere verklemmt.
Unsereins, die wir es nur gut mit ihm meinen, nur Schwierigkeiten. Wirklich nur Schwierigkeiten.
Mit der Silbenpeitsche seine Interviews durchknallen.
Sich schon beim Duschen nackig und nass.
Lügencover.

Neumännlich

Achtung. Dieser Text ist neumännlich. Er würde niemals freiwillig auf einem Huawei-Handy gelesen werden wollen. Er bestellt in seiner Freizeit niemals laktosefreien, entkoffeinierten, veganen Sojamilch-Cappuccino. Nein! Dieser Text ist *lumbersexual* mit einem *touch* Metrosexualität plus einem 100%igen männlichen Selbstverständnis! Geil. Er lebt seinen Individualismus aus! Er ist *handcrafted*, schnell und unvernünftig, isst Rindfleisch im Tesla, trinkt Bier im Zelt, erlebt Abenteuer am Aktienmarkt, kackt im Baumarkt im Sitzen. Er ist Arsch und Loch in einem! Er ist echt und liebt es funky beim Angeln. Er hat vier Eier und brät sie sich, wann er will und wie kross er will. Seine Bartmuskeln trainiert er mit einem Personaltrainer, er ist Honk und dabei Mensch geblieben. Cool! Frauen liebt er wie ein Hampelmann sein Seil. Die Frauen lieben ihn, weil sie so anders sind und so gleich. Oder so ähnlich. Wer es weiß, bekommt ein Abenteuer auf einer Straße, der der Standstreifen fehlt. Dieser Text will alles sein, aber nicht nichts. Er ist neumännlich, *he is the new genderfuck!*

Von der BEEF (»Männer kochen anders«) ohne Angabe von Gründen abgelehnt. Heißer Lesetipp: Die Editorials dieser Zeitschrift lösen mehr Emotionen aus als Kopulieren, Essen und Sterben zusammen!

Freie Gegenrede

Liebe Amateurmaler des Lebens oder kürzer: liebe Menschen. Wenn ich mir so ansehe, was ihr in die Welt hineinfuhrwerkt, wird mir ganz blümerant. Alles ist so hart und flau bei Euch. Zudem seid ihr denkfaul, arrogant, unerträglich eigendünkelig, wie Idioten selbstbewusst mit fliehender Stirn. Ja, ihr seid Schrumpfköpfe im Sinne des Wortes!

Außerdem seid ihr die schlechtesten Beobachter eures eigenen Seins, bar jeglichen Humors, intolerant. Ihr gebt euch einer Imitation einer Schimäre hin. Erstmal nachschlagen, was »Schimäre« nochmal war? Nein. Zu dumm zum zum und egal.

Eure Standbeine stehen nicht, die Spielbeine sind unflexibel, das dritte Auge ist verklebt vom täglichen Geheule und Gewimmere.

Ihr lebt in einem Nichtraum, weil euch alles egal ist, sogar wie egal was ist. Talentfrei seid ihr, scharwenzelt zwischen Kinnlade und Fußsohle durch eine durchgepfuschte Erde.

Vielleicht solltet ihr einfach eine andere Gattung annehmen! Nicht mehr Mensch. Das scheint ja eine Hochhausnummer zu groß.

Fragt euch doch mal selbst:

Wenn ich ein Leben hätte, würde ich es dann so gestalten wie alle?

Würd ich gern lügen, wenn ich Ich sage?

Würd ich die Kapitel Stumpfsinn, Gemeinheit und Pietätlosigkeit aufblähen und dehnen wie den After eines fotografierbaren schwarzen Lochs?

Ich nicht, aber ihr. Wenn ihr eure Kloake ausräumt, ist die Erde leer.

Offenbar kommt ihr nie über eure eigene Sensibilität hinaus! Selbst der eigene Horizont ist meterweit unter der Erde. Euer Talent würde eine gute Topfblume abgeben, aber zu mehr taugt es kaum.

Ich muss es so deutlich sagen, wenn ich euch schon mal hier am Wickel habe: Meiner Natur seid ihr nicht – für euren Tod würd ich Geld verlangen.

Nichts für ungut! Ich bin einer von euch, aber der andere.

Die Nachteile von großen Bands

BEATLES: Die Anfangsphase.
ROLLING STONES: Ihre Endphase (seit 1974).
U2: Bono, The Edge und der Hall.
NIRVANA: Wuschen sich zeitlebens zu wenig.
AC/DC: Stecken ihr Geld in Geldgeschäfte.
LED ZEPPELIN: Klamotten zu viril.
MOTÖRHEAD: Pissen sich gegenseitig nicht mal ins Maul, wenn die Zähne brennen.
RED HOT CHILI PEPPERS: Versuchen funky zu bleiben.
PINK FLOYD: Der Sänger hat Klopapier mit dem Gesicht des Gitarristen bedruckt.
DAFT PUNK: Arg limitierte feministische Ader.
KISS: »Vergessen« gern das Abschminken.
IRON MAIDEN: Trinken selbst alle Clausthaler backstage leer.
RADIOHEAD: Geben nur 120 statt 180 Prozent.
THE DOORS: Die verdammte Orgel. Selbst Jesus hatte keine.
SMITHS: Politisch ungenau.
SLEAFORD MODS: Null Ahnung von guter Lounge-Atmo.
FLAMING LIPS: Realitätsfremd.
A TRIBE CALLED QUEST: Teamunfähig.
COLDPLAY: Extremst farbenblind.
QUEEN: Wussten nicht wohin mit ihrem Können.
GRATEFUL DEAD: Kein Konzert wie das andere.
DEPECHE MODE: Wollen Rockstars sein, haben aber nicht mal einen Drummer.
FLEETWOOD MAC: Ihre erste Platte war Blues.
STATUS QUO: Der Name verrät zu viel.
GORILLAZ: Verstecken beste Songs auf D-Seiten.

ABBA: Never fuck the office! Aber sie: Sogar untereinander verheiratet.
METALLICA: Einer soll richtig, richtig schlau und integer sein.
THE WHO: Zu früh taub geworden.
RAMONES: Offensichtlich falsche Berufswahl: Alle (!) Urmitglieder sind tot.

Eine kleine Sommergeschichte

Wir sind auf einem Festival. Einem modernen Festival mit Kinder-Yoga, Detox-Pflanzenwanderungen und Glamping. Viele situierte, liierte Menschen mit Kids dabei. Den ganzen Tag haben alle was zu tun. Die Musik scheint allen eher mittelwichtig zu sein, es gibt mehr Workshops als Live-Acts.

Abends ist man dann ziemlich fertig, aber immer noch modern drauf. Ein Elternteil geht auf einen Dancefloor, da hinten ist Northern Soul, hinten neben der Waldbühne Swing. Ah, herrlich, endlich Beziehung und Familienpflichten loslassen!

Während das eine Elternteil die Kids beruhigt, die nicht schlafen können wegen dem Gewummere oder den Überdosen veganer Cola, dreht das andere Elternteil immer freier.

So war es doch früher, als man noch tanzen ging! Hat man nicht auf Festivals die meisten One-Night-Stands gehabt? Der Gin Tonic schmeckt aber auch! Wie geil ist das denn? Einen noch. Du kommst aus Berlin, cool, ich kenn dich gar nicht, lass mal hinten auf die Lichtung.

Und dann, dann geht es irgendwann wieder ins Zelt. Zu der Familie.

Vom Odeur der Freiheit angehaucht. Aber besoffen und von der Realität gedemütigt. Die Vorwürfe werden kommen. Und das Kanufahren morgen. Am besten, ich sitz hinten.

Am nächsten Abend ist es andersrum – und genauso. Würdelos die Würde bewahrt.

Das besagte Festival gibt's inzwischen nicht mehr. Wird es aber – anders aber gleich – sicher bald wieder geben.

Na, Metropolinskis!

Jetzt ist es in Berlin Nachmittag und hier in Hamburg auch. Aber eigentlich stimmt das ja nicht. Das ist gemacht, gewollt von oben. Eine Vereinfachung, damit alle besser zurechtkommen. Würde man sich nach der Sonne richten, wäre es in der einen Stadt (in welcher ist jetzt mal wumpe) etwas später. Nur ein bisschen, aber eindeutig später. Das angeblich Genaue, die Zeit, ist das Ungenauste. Wie bei Zahlen mit Komma: Je genauer eine Zahl scheint, weil sie mehr Stellen hinterm Komma hat als manche Einzeller-Pantoffeln, desto ungenauer ist sie. Das ist Mathe für Leute, die Mathe verstehen.

Na, jedenfalls: Das Konstrukt Zeit vernichtet unsere kulturellen Unterschiede. Die es ja gibt! Als generelle Daumenregel beim Vergleich könnte gelten: Wenn man Berlin als bärtigen Typen sieht, der mit sich selbst redet, indem er mit anderen redet, und Hamburg als Maschine, die sich selbst ausstellt, wenn man sie anstellt, dann läge man damit recht gut.

Zeit ist echt ein Problem. Ich weiß schon jetzt nicht mehr, was ich vor fünf Minuten eigentlich sagen wollte. Aber die Zeit ist um! Wäre aber in Berlin auch so, jedenfalls bald oder vorhin. Lass doch einfach mal los. Das starre Raster Tag, den Hund, die Vorurteile – einfach loslassen. Wie ich. Auf den Stufen der Freiheit des Kolumnisten bin ich schon recht hoch gekommen. Und du als meine knarzende Treppe, dich öl ich auch mal wieder ein. Nächste Woche oder noch früher.

Nach seinem 7. Platz in den deutschen Charts: Was DJ Koze als nächstes schafft

1. Er berät das chinesische Dressurreiterinnenteam in Sachen Pferdefutter.
2. Er übernimmt bei Fips Asmussen das Vorprogramm, die Aftershowparty und das Catering.
3. Seine Maxi »Jackson pfeift« schafft es in den USA in die Top Ten.
4. Er macht Kork wieder zum Werkstoff Nummer eins (vor Beton).
5. Er besucht das Wattenmeer und kommt völlig verändert wieder.
6. Er züchtet ein neues Obstgemüse aus Kirsche und Kürbis.
7. Er fusioniert Goa mit Gospel (Goaspel).
8. Er zeugt in seiner Sauna den größten Schweißtropfen, der je von einem Menschen runtertropfte.
9. Er produziert aus alten David-Bowie-Vocals eine gute neue Platte.
10. Er behält das Kandierthermometer beim Zuckereinkochen scharf im Auge.

Im Flow

Wenn man so tagein, tagaus die Tinte in seine E-Mail reinfließen lässt, kommt man schon ins Denken.

Ins Grübeln über Flüssiges.

Schnelle These:

Für alles gibt es das richtige Flüssige!

Für alles!

Für Fische gibt es Wasser (zum Ficken).

Für Kinder gibt es Schnodder (zum richtig Kindsein).

Für Teenager Bushauche (zum Herz- oder Pimmelreinmalen).

Für Ufer gibt es Flüsse.

Flüssiges feier ich richtig.

Ohne Flüssiges wären wir nur Dreißig-Prozenter.

Ohne Flüssiges gäb's auf der ganzen Welt die Kategorie »schön trocken« gar nicht.

Ohne Flüssiges kein Cornern, kein Mikroplastik, keine Geschlechtsteile.

Muss Schluss machen. Was trinken. Ist oben schon alles angedörrt.

Mit dry agigen Grüßen.

Wenn Affen whoo-hoo singen

Clint Eastwood ist krank. Der Zwerggorilla in Damon Albarns kleinem Privatzoo hängt schlaff in den Seilen aus Bio-Hanf. Der Londoner Tiernotdienst hat einen Arzt geschickt, Dr. Coyne. Der raucht sogar noch, als er fragt, wo denn das kranke Tier sei. Kann der nicht ein Nikotin-Kaugummi nehmen? Muss man als Tierarzt kein Vorbild sein, weil die Viecher an gesunder Lebensführung nicht interessiert sind? Damon Albarn ist skeptisch, ob das jetzt die richtigen Fragen sind, die er sich stellt. Egal. Der Coyne soll Clint helfen, und zwar jetzt.

Clint frisst immer weniger, seitdem klar ist, dass es die Gorillaz nie wieder geben wird. Die kommerziell erfolgreichste Band seines Herrchens! Die nach ihm, dem neunzehnjährigen Albinoaffen, benannt wurde! Deren größter Hit sein Name ist!

Aber woher weiß so ein Wesen, dass Albarn keinen Bock mehr hat auf seine Band? Das ist einfach zu erklären, ist doch ein Affe wie Clint Eastwood ein sensibles Tier. Manche Tiere spüren Erdbeben schon Stunden vorher. Oder wenn Regen heraufzieht oder ein Sandsturm. Warum soll es nicht ein Tier geben, noch dazu ein Menschen irgendwie nahestehendes, das nicht merkt, wenn es anders angeguckt wird, weil es als Inspiration nicht mehr gebraucht wird. Ja, warum. Eben.

Damon hat sich doch immer stundenlang vor den Käfig gesetzt und die Gorillaz-Texte geschrieben. Er erkenne dann, dass er das schlechtere Lebewesen sei, hat er mal im Interview gesagt. Dabei sind Gorillas die miesesten Tiere der Welt. Neben den hinterhältigen Delfinen (vorne grinsen, hinten lügen). Sie klauen wie die Raben und stecken Regenwürmer immer mit einem Ast im Boden fest und gebrauchen sie als Sonnenuhr.

Aber in aufgeklärten Kreisen gelten Tiere ja als wahrer und echter als alle Menschen.

Dr. Coyne weiß das alles natürlich nicht, jedenfalls nicht so im Detail. Ist ja auch eine komplizierte psychologische Sache! Aber Coyne war jahrelang Chef-Physio von Super (von Agnetha) und Trouper (von Frida). Beides Koalas, die er viel klettern ließ, damit sie nicht total steif und depressiv wurden. Eine Wiedervereinigung von ABBA wird es nicht geben, da können noch so viele Tiere eingehen oder Milliarden geboten werden.

»Es nützt nichts«, sagt er zu Damon, der englisch routiniert seinen Anti-Heroin-Kaugummi mit Soul und Härte bearbeitet. »Du musst deine Band wiedervereinigen. Sonst ist das Tier bald tot.« Allein bei diesen Worten blinzelt Clint schon ein bisschen lebendiger. Wiedervereinigung? Was ist?

Damon führt den Arzt mit sanftem Druck aus dem Luxus-Baumhaus. Seine Lippen bewegen sich kaum, als er zischt: »Sind Sie bescheuert, Mann? Ich hab keinen Bock mehr auf die Gorillaz! Immer diese ungenaue Musik! Keiner kann sagen, was wir für eine Musik machen, da ist immer alles drin. Alles von Rap über Elektro bis Indie. Und wenn alles drin ist, kannst du nicht flowen.«

»Verstehe. Und die andere Band nehmen? Haben Sie nicht noch diese andere, diese Blur? Die mit dem *Whoo-hoo!*-Lied? Sind doch auch getrennt, und Clint ist es sicher egal, so sensibel ist der auch nicht.« Coyne bleibt lösungsorientiert. Tierärzte sind noch pragmatischer veranlagt als Paketboten. Damon Albarn überlegt. Diesen Nervnerd Coxon und die anderen anrufen und was hinrotzen, damit der Affe erst mal wieder ein

Jahr lebt? *Why not*. Kann man von zu Hause machen oder am Tablet, wenn man in Mali ist.

Heutzutage machen auch Bands wie Blur alles per E-Mail und per E-Mail-Erinnerung. In einer Dropbox liegen bestimmt noch Files. Dr. Coyne sieht, wie eine gewisse Zufriedenheit über Albarns Gesicht huscht. Der freut sich zweifliegenklappenmäßig nach innen: Wie einfach man doch Tiere heilen kann. Die blöde Presse ist dann auch erst mal befriedigt und geht einem mit den ewigen Fragen nach einer Reunion nicht mehr auf die *nuts*.

Das Handy des Tierarztes klingelt. »Aha, der Morten, aha! Nach Trondheim kommen? Das ist doch in Norwegen, warum denn? Wegen Takeonme? Ich behandele eigentlich keine Zebras, nein. Es muss sein? Und es gibt Anteile an neuen Tantiemen. Okay, ich komme.«

Meine erste ZEIT-Glosse. Abgebunden wurde der Text mit diesen Informationen: »Die britische Band Blur hat sich soeben wiedervereinigt. Ihr Album The Magic Whip *erscheint am Freitag und klingt mal nach Damon Albarns Solo-Output, mal nach seinen Zweit- (Gorillaz) oder Drittbands (The Good, The Bad And The Queen) – und mitunter auch mal nach Blur. Die norwegische Band A-ha hat sich gerade ebenfalls wieder zusammengetan. Das erste musikalische Lebenszeichen nach vier Jahren Pause soll im Herbst zu hören sein. Johnny Marr und Morrissey von The Smiths halten sich momentan keine Tiere.«*

Freitagmorgen, kurz vor 11 Uhr

Vor der Hanseplatte platziert sich auf der gegenüberliegenden Seite auf den Holzstufen des Lattenplatzes eine Gruppe Kinder samt Erzieher. So um die zehn muntere Plappermäule, wohl eher Kindergarten als schon Schule. Der Erzieher ist ein junger Kerl, bisschen Surfertyp, beiläufige Kleidung. Er ist offenbar noch nicht lange im pädagogischen Bereich, denn seine Energie spürt man in jeder Pore. Er hat Bock auf die Kids, das sieht man an seiner offenen Haltung.

Als die Kinder sitzen, stellt er sich vor sie und erklärt die Graffiti, die die gesamte Holztribüne verzieren. Und dass man hier offenbar einfach sowas bunt hinmalen dürfe, bis der Nächste kommt und was drübersprayt. Die Kinder finden das gut. Dann werden die Farben besprochen: Warum da viel Braun und Rot verwendet wurde, ob jemand auch was Blaues sehe undsoweiter. Alle machen begeistert mit. Es kommt die Sprache darauf, wie man Farben auseinanderhalten könne. Der Erzieher erzählt, dass es farbenblinde Leute gebe. Ja, Menschen, die Grün und Rot nicht auseinanderhalten könnten. Allgemeines Erstaunen, davon hat noch kein Kind gehört. Aber gut, kann man sich ja vorstellen, dass es sowas gibt. Kinderstirnen süß in Falten.

Der Erzieher sagt dann, er sei nicht farbenblind. Er sei farbentaub. Häh, was? Was meint er? Ja, führt er aus, er sei farbentaub. Er könne Farben nicht hören, da sei nix zu machen, wirklich.

Man könne ihm ja mal eine Farbe zurufen. Ein Kind ruft »Rot!«. Der Mann reagiert nicht. Es folgen »Grün!«, »Blau!« und »Gelb! GELB! GELB!«, aber das Gesicht des Pädagogen verrät keine Wahrnehmung. Die Kinder schreien jetzt wie wild

Farben durcheinander und brüllen ihn an, aber nichts: Der Erzieher schüttelt nur verständnislos den Kopf. »Seht Ihr, ich bin farbentaub. Hab ich doch gesagt. Aber egal. Lasst mal zur anderen Seite rüberrennen!« Und schon sind alle weg.

Was am Freitagabend in den zehn Familien los war, frage ich mich. Wahrscheinlich viele der lustigsten Gespräche, die die Woche sah.

Ich finde den Ansatz des Erziehers sehr gut. Hoffentlich kommt er heute wieder mit seiner Truppe vorbei und erzählt, er könne sich unsichtbar machen, aber nur, wenn keiner guckt.

Die neuen Urlaubs-Challenges sind da

– Sich mit demokratiefeindlichen Deutschen im Flugzeug unterhalten. Oder im Überlandbus. Oder am Pool. Oder beim Buffet. Oder beim Yoga. Oder beim Tiere essen im Imbiss des Streichelzoos.

– Bei Ryanair den CO_2-Abdruck versuchen bar in Landeswährung bei der Stewardess zu kompensieren, ohne ein schlechtes Gewissen dabei zu erzeugen, weil sie nicht wechseln kann.

– Am Strand sich die Sandkörner mit einem Fado aus den Schuhen singen.

– Sich an eine der Opa-Haltestellen in einem südeuropäischen Land setzen und ein Gespräch über Jugendliche anfangen.

– Sardinien mit Korsika, Malta mit Lanzarote, Sizilien mit Sylt vergleichen. Einfach so. Weil man es kann.

– So viel Wasser trinken und die Plastikflaschen sammeln, bis man ein Boot bauen kann, mit dem man z. B. übers Mittelmeer segeln könnte.

– Soviel Eis essen, dass dafür noch ein Eisstilmotor zusätzlich drin ist.

– Wandern im Zimmer.

– Alle Herstellungsorte eines iPhones in einer Woche besuchen und mit ihm fotografieren, um daraus die Collage »Home of iPhone« für Insta zu basteln.

Die Nachteile von deutschen Bands

K.I.Z.: Gehemmt, wenn Transsexuelle vor ihnen stehen.
ANNENMAYKANTEREIT: Demenz.
TOCOTRONIC: Europas schlechteste Reggaeband.
SCHNIPO SCHRANKE: Immer noch keine dritte Platte, ist ihnen wohl zu schwierig.
ERDMÖBEL: Stammkunden bei Manufactum.
FEHLFARBEN: Haben bei »Band für Afrika« mitgemacht.
BAP: Hang zum Lallen.
TOKIO HOTEL: Kannste mir nackt an den Bettpfosten usw.
RAMMSTEIN: Kaufen in Berlin ganze Häuser und sanieren sie.
SCORPIONS: Haben den Rock, den keiner will.
WIR SIND HELDEN: Sind privat genauso wie auf der Bühne.
FANTA 4: Failen total bei Künstlernamen (Thomas D, Smudo, Dee Jot Hausmarke, And.Ypsilon).
ELEMENT OF CRIME: Sehr lieblose Plattencover.
MUTTER: Mal hart, mal zart – wie soll man sich da einstellen?
BLUMFELD: Sexuell im Sackbahnhof.
DIE TÜREN: Name plump aus Amerika geklaut.
MÜNCHNER FREIHEIT: Harmoniesüchtig.
ALPHAVILLE: Zu dumm (verwendeten bei »Big in Japan« chinesischen Gong).
SLIME: Proben seit achtunddreißig Jahren.
TANGERINE DREAM: Stücke zu kurz.
DEINE FREUNDE: Ihre Mitleid-Krise kommt sehr bald.
STUDIO BRAUN: Karriere ein einziger Witz.
PUR: Zu verträumt für den ganz großen Wurf.
ONKELZ: Schreibtischtäter ohne Schreibtisch.

SPORTFREUNDE STILLER: Performen mäßig beim Onanieren.
DEICHKIND: Ohne Strom komplett unhörbar.
DIE TOTEN HOSEN: Die Musik.
KRAFTWERK: Übernehmen Macken ihrer Helikoptereltern.
BEGINNER: Haben Jan Delay aus dem Rock geholt.
BEATSTEAKS: Bestellen heimlich Essen auf Rädern.
NEUBAUTEN: Moll oder Dur? Ja, eins von beiden.
DIE ÄRZTE: Haben an Zeitschriften nur Business Punk im Wartezimmer.
LABRASSBANDA: Spielen nur Instrumente, die rosten können.
DIE STERNE: Kriegen es auf Tour hin, sämtliche aktuellen Staus mitzunehmen.
LAFOTE: Der Sänger setzt nebenberuflich aufs tote Pferd Plattenladen.

Nochmal das Thema Musik

Immer wieder fragen mich die Leute nach Musik. Das ist kein Wunder, die Leute fragen gern stabile Ahner und keine Lauchs, die demnächst auch mal die E-Roller ausprobieren wollen, obwohl die ja ganz schön teuer sein sollen und gefährlich. Wir antworten immer präzise, aber ohne Hast mit einem Vergleich: Die Welt der Musik ist wie ein Baum. Wurzel, Stamm, Äste, reingeritzte Herzen, Getier, Lausbefall – das gibt's auch alles in der Musik. So liegen die Wurzeln der Musik im frühen, noch handgespielten Blues und dessen Wurzeln wiederum im Neandertal, wo mit einem Hieb von Zorc, der mit einem wunderschönen Drumbreak den Schädel von Mammut-Joe spaltete, alles anfing. So weit, so faktisch klar.

Dann der Stamm des Baumes der Musik – das sind diese Bands mit THE am Anfang, die Bands von früher: Beatles, Stones, Red Lorry Yellow Lorry, Haysi Fantayzee, die Toten Ärzte. *Classic good stuff.* Bands, denen wir alles zu verdanken haben im Bereich Melodie, Geficke, Moshpit. Bands, die noch ihre Demos live von sich selber einspielen ließen, als sie noch nicht im Traum daran dachten, eines Tages mal usw. Und im Hintergrund hört man das Ghetto oder einen Zug oder die weltweite Ungerechtigkeit hinausgeschrien durch ein Baby, dessen Fontanelle die Eltern verkaufen mussten an den König zu seiner Belustigung.

Dann kamen plötzlich die Äste dazu, die Verzweigungen, die Verwirrung wuchs, überall sprießte es, man entkoppelte sich vom eigentlichen Ziel. Musik wurde zweitrangig, die Musikrichtungen kamen auf. Genres wie Brutalcore, Grebo, Tränenrock, Youtechno, Dixie, Murmelrap tauchten auf und unter. Wilde neue Fusionen, Exzentrik im Alltag, Duette zu dritt, diesdas und eine gewisse Nässe in der Körpermitte – alles war nun möglich, es gab praktisch keine Grenzen. Gitarren wurden funky gespielt, Bässe so subsonisch, dass einem der soeben runtergewürgte Matcha wieder hochkam, dazu »Gesang vom Feinsten«, selbst Klänge um der Klänge (Stichwort Soundscape, Ambient, New Age) willen erreichten ein Millionenpublikum. Die wilden 70er, du namst es.

Jedenfalls war nun durch das wilde Gesprieße jedem Förster klar, dass die Musik macht, was sie will. Dass sie letztlich nur noch durch Eingriffe von uns zu stoppen ist. Von uns Menschen, der einzigen Spezies, die Preise vergeben kann und International Music Awards! Die Musikzeitschriften lesen, aber Blogs bevorzugen, denn Musikzeitschriften, gibt's die noch? Denn nur wir Menschen können kämmen und sieben. Nur wir. Mal was fallen lassen und anderes auf den Hocker heben. Dafür sind wir geboren, wenn nicht gar auch einige gestorben.

Wenn ich das den Menschen draußen erkläre, dann verstehen die meisten die Expertise. Schätzen sie. Sie sagen »Warum nicht gleich so, Männeken?« oder »Danke, Madame, Sie würde ich gerne im Nackenbereich küssen« und das ist mir immer Lob genug.

The Detectorists

Lieber Abgabetermin. Da ich mein Leben gerade an der Ostsee salze, kann ich nicht arbeiten. Ich komm hier zu nix. Der Grund ist: Ich bin so fasziniert von der autarken und stolzen Jugend hier, das könnt ihr euch gar nicht vorstellen! Die Jugendlichen hier spüren abends am Strand mit so Metalldetektoren das von den Touristen verlorene Kleingeld im Sand auf, als gäbe es kein Morgen oder Taschengeld von den Eltern. Dutzendfach wandern sie mit ihren Sonden umher und klatschen sich bei jedem Euro ab, den sie aus dem Sediment holen.

Ich lasse deshalb tagsüber viele, viele Münzen aus alten Urlauben (Lira, Pesetos, Kuna) fallen. Manchmal ist auch ein richtiger Euro dabei. Das ist mir die Sache wert, man ist ja Mensch, auch wenn man aus der Stadt kommt. Der herrliche Anblick, die vor Eifer und Aufregung gezeichneten, noch nicht von Disney, Google oder Reeperbahn zerstörten Gesichter zu sehen, befriedigt mich mehr als alles andere.

Jeden Abend sitze ich am Meer. Und dann, wenn die Sonne ihr Haupt am Horizont vor uns senkt, kommen meine neuen Freunde in Scharen, bilden mit ihren bizarr geformten Suchgeräten und ihren dicken Kopfhörern eine wunderschöne Silhouette vor dem untergehenden Glutball. Hybride aus Maschine und Mensch, rätselhaft, aber in ihrem Willen zum Schatzfund so human, so wahrhaft, so ehrlich gegenüber der eigenen Gier.

Es piepst, dann gellt ein Freudenschrei über den sich leerenden Strand. Gemeinsam begutachten fiebrige Augen, was der holsteinischen Endmoräne entrissen wurde. Ist es ein aktuelles Zahlungsmittel? Oder ein Ring von einer königlichen Jungfrau? Lass sehen, Kamerad, ahnst du? Und wir als Beobachter trinken wieder und wieder auf die Funde derer, die nicht so viel haben wie wir.

Mir bleibt, das wirst du, Abgabetermin, wohl verstehen, kaum noch Zeit für mein eigenes Leben, geschweige denn für rechtzeitiges profanes Abliefern.

Danke für das Verständnis.

Eine Frage an dich als Mensch

Wo bleibt eigentlich die Melancholie, die wir spüren, wenn wir denken, dass etwas früher schön war, aber wir, weil wir jünger waren, sie nicht als Melancholie spürten, sondern als aktuelle Freude oder manchmal noch nicht mal das, sondern als einfach gottgegebene Freude, also wo bleibt dieser Haufen an Melancholie, der muss doch inzwischen ein so hoher Berg sein, dass er uns im Weg steht und uns den Blick versperrt auf den nächsten Hügel Schwermut, oder ist es vielleicht so, dass die von Nachdenklichkeit geprägte Gemütsstimmung, und das nennen wir ja Melancholie, inzwischen eine Art Podest ist, von dem wir noch besser, noch schöner, noch tiefer diese neue Melancholie betrachten und vielleicht auch mögen können? Ist es, ist es nicht?

1. Kapitel Eckart

Seit drei Tagen hatte Eckart, sobald er in seinem mit Olivenöl (erste Ernte, handgepresst) gefüllten Wasserbett seines kleinzügigen Bauernhauses in der Nordheide aufwachte, einen Schatz vor Augen. Es war ein kostbarer wie auch völlig unerwarteter Schatz, dessen Anblick einen Hauch von Schönheit auf sein ansonsten eher langweiliges Gesicht zauberte. Es handelte sich um ein Regal mit siebenundsechzig Büchern, in einem köstlichen Augenblick der Kopflosigkeit bei einem Samstagmorgenflohmarkt erstanden. Viel ausgegeben hatte er dafür nicht. Auf dem Land sind alte Bücher billig, die Landbevölkerung interessiert sich kaum für sie.

Was Eckart am meisten an seinem Schatz faszinierte, war die Spürung eines Beginns. Das Regal war ein Anfang, so viel war ihm klar. Sein Steckenpferd, das Verwenden von Dingen in einem anderen als dem vorhergesehenen Zusammenhang, war an seine natürlichen Grenzen gestoßen. Er hatte in den letzten Monaten merklich die Lust verloren, sich Sommerschneebälle aus weißem Wachs zu bauen, seine welkenden Blumen mit Acryllack haltbar schön zu malen oder eben sein Wasserbett mit Öl zu füllen, damit seine ohnehin geringen Bewegungen beim Eigensex sich zu milder Ekstase hochschaukelten. Das brachte ihm alles nur noch geringe Befriedigung.

Aber dieses Buchregal, das hatte etwas. Was genau, wusste Eckart noch nicht. Aber er würde es sehr bald von sich erfahren. Er war sich sicher.

2. Kapitel Eckart

Wieder und wieder ergötzte sich Eckart an seinem Bücherregal, das er in Schulterhöhe montiert hatte. Herrlich individuell schmiegten sich die Rücken der Bücher aneinander. Mal schmuste ein dicker Bildband über Pinguine mit einem fleckigen Taschenbuch, mal wertete sich ein Readers-Digest-Schmonz mit dem 17. Teil der »Deutsche Denker«-Anthologie auf. Eckart ließ alles zu. Hatte es instinktiv so wertunabhängig eingeräumt. Er spürte, dass er hier auf diesen 3 × 1 Metern Regalfläche eine Ordnung schaffen konnte, die sich das Wort »frei« verdiente.

Denn Eckart knickte in seiner Haltung hier nicht ein. Nicht wie all die anderen. Wie all die Menschen, die ihr Leben und ihre Umgebung so unsinnig sinnig einrichten: Taschenbücher gehören zu Taschenbüchern und Spaghetti neben die Farfalle. Schuhe müssen in Paaren stehen und Zahnbürsten zusammen in einem Becher – so ordnen sich doch alle! Aber warum tun das alle? Warum haben alle Angst vor Äpfeln neben den Birnen und Kühlschränken im Wohnzimmer? Warum stellt keiner mal seinen Router ins Bad? Warum »geht« das immer nicht? Eckart, mutig und motiviert bis Unterkante Oberstübchen, war nun so weit, diese Verkrustung zu ändern.

Erstmal im Kleinen anfangen. Also im neu gekauften Bücherregal. Und gleich morgen sollte der Rest der Welt drankommen. Eckart war sich sicher über das Potential seiner Idee. Die neue Weltordnung hatte soeben begonnen. Hier über seinem Wasserbett und bald in jedem Haushalt.

3. Kapitel Eckart

Eckart sprang mit dem Elan eines nach Stunden am Wasserhahn hängenden und nun endlich fallenden Tropfens auf. Genug war nun nachgedacht, jetzt galt es zu handeln. Er hatte zu tun. Die Welt musste neu sortiert werden. Wie in seinem Bücherregal, das über allem thronte und ihn seit Tagen beschäftigte. Erhaben und stolz über die Unzulänglichkeiten der Leute verwuchs es mit der geraden Wand und gab mit seiner rechtwinkligen Art den schrägen Ideen etwas Berechenbares, etwas Verlässliches. Genau so würde Eckart es auch machen.

Er zog sich an. Wenn sich alle Menschen sorgfältig anziehen würden, wäre schon viel gewonnen. Kleidet man sich, beschäftigt man sich mit sich. Muss es mit sich aushalten. Das unterscheidet einen schon mal von Tieren. Eckart zog die Kniestrümpfe hoch, bis es nicht mehr ging, und rollte sie dann auf halbe Wade hinunter. Tiere könnten das nicht, die sind so unfrei in ihrer Freiheit, das merken sie nicht einmal. Eckart mochte Tiere eher nicht. Lieber war er Mensch. Da kannte man wenigstens seine Unzulänglichkeit. Er fand seine Lieblingsunterhose in frischem Zustand vor. Gut gemacht vom Timing her.

Nun noch Pullover und Hose. Die Stoffe zum Leben. Was für eine Ironie, dass diese aus Tiermaterialien hergestellt sind, dachte sich Eckart und musste fast lachen. Man zieht sich mit Sachen an, die aus Wesen hergestellt sind, die sich selber gar nicht anziehen können. Als würde man damit den Tieren zeigen, wie es geht. Aber die gucken nur schafsdumm und fressen. Sich mit Detailfreude Eincremen ist bei dieser Spezies auch nicht vorgesehen. Gut, dass es Menschen wie ihn gibt, dachte Eckart und tat, wie es ihm vor vielen Jahren seine Mutter beigebracht hatte.

4. und letztes Kapitel Eckart

»Angezogen, um auszuziehen«, schmunzelte Eckart und durchmaß seinen Flur Richtung Tür. Die Zettel »Herd aus?«, »Licht aus!« und »Wanne leer?« ignorierte er. Er hatte sie selbst geschrieben für den Fall, dass er mal für länger als fünf Minuten die Wohnung verlassen musste. Aber das war ja diesmal nicht der Fall. Er wollte nur schnell zum Nachbarn, um dem was zu leihen. Proaktiv was zu leihen. Eier, Salz, Milch, egal. Hauptsache was anbieten. Der Mensch lässt niemals jemanden verbrennen, der einem schon mal Salz lieh, niemals! Deshalb arbeitete Eckart so prophylaktisch.

Heute war der Knarzkopp aus dem Dritten dran. Auf seiner Tür hatte der Zigarettenqualm alle Spalten angegilbt, selbst ums Türschloss schienen Spurenelemente von Rauch nach draußen ziehen zu wollen. Man sah den gelben Rand sogar um die Schlüsselöffnung. Ein äußerst starker Hausraucher! Und sicher kein Esser. Qualmis essen nicht gern, das wusste Eckart. Also keine Lebensmittel anbieten, sondern was anderes. Einen Messbecher? Rasierklingen? Klopapier?

Plötzlich durchzuckte Eckart ein mächtiger Verdacht. War es nicht dieser, offensichtlich sehr willensschwache Nachbarmensch das dumme Monster, das ihn irgendwann umbringen würde? Der Zigarettenliegenlasser und haltlose Kettenraucherherr? Das geht doch blitzschnell. Und gerade eben wollte Eckart dem noch guttun! Was für eine bescheuerte Idee. Gleich mal zurück ins Bett. Das ließ sich ein Eckart nicht gefallen. So leicht setzte er sein Bücherregal und sein Wasserbett nicht aufs Spiel. Nein. So dumm würde Eckart nie sein.

Leider verstarb Eckart, bevor er sein weiteres Leben zu Ende führen konnte. Dennoch darf er nicht vergessen werden. Auch angefangene Leben enthalten Vieles, was wert ist, erwähnt zu werden. Es muss nicht zu einem »World-Eckart-Day« reichen, gewiss nicht. Auch darunter ist der Mensch das Papier wert, das er hoffentlich ins Altpapier bringt oder bringen lässt. Eckarts Nachlass bekommt in meinem Museum dereinst seine würdige Abteilung.

Eins von beiden

Endlich ist es wieder soweit! Das lebende Wimmelbild von Profimenschen und Amateurleuten steht vor unserem Augensturz: Das Festival! Getränke aus der Crafthölle und viel »Haste schon?«, »Biste gestern?« und mehrere Instagramm-Marschierpulver. Business as Berlinal. Oder sind wir auf dem Reeperbahnfestival? Sind das jetzt Bands oder Filme hier?

Egal, eins von beiden! Um was es geht, ist wumper als wumpe! Wichtig auf jeden: *Die fast, live young, make makings. Sharing is caring, seeing is believing.* Von überallher kommen die Leute deswegen: Autobahn, Airport, Wohnung. Die Nacht zum Tag, Feelingsgefühle, Sackhüpfen, Mittelstrahl – alles da. Weil auch das Wetter mitspielt im Game! Viele Experten aus den Branchen machen beim zwanglosen Rumhuren ihre besten Geschäfte: Schmales Gespräch, aber *big deal*, heißt es zwanglos und easy. Einfach fickdoll, wie das hier funzt. Eine Energie wie sonst nur auf dem Klo oder im Krieg. Sorry, manchmal geht sprachlich was daneben, aber wir bleiben bei uns und an sich. Alle können, alle gönnen!

Dazu kann man weder nein noch jein sagen! Einfach machen! Festival as usual. Leben kannst du, wenn du tot bist.

Kaffee, hell wie Tee

»Neulich war ich in einem Café, da war der Kaffee rot und so hell wie Tee.«

»Aha.«

»Ja, weil das Schwarze, was wir so gern trinken, das ist alles nur Verbranntes. Kaffee ist eigentlich rot.«

»Sagt wer?«

»Na, der Besitzer von dem Café, in dem es keinen schwarzen Kaffee gibt.«

»Der muss es wissen.«

»Nun, nur weil er den verkauft, heißt das ja nicht, dass er lügt, oder?«

»Nein. Aber vielleicht hat er sich das so hingemogelt.«

»Was?«

»Na, seinen Nachteil, dass er es aus irgendwelchen Gründen nicht hinkriegt, schön schwarzen Kaffee zu machen.«

»Haha.«

»Ich mein ja nur: Man kann ganz gut aus einem Nachteil einen Vorteil machen.«

»Sag mal ein Beispiel.«

»Ich hass es zum Beispiel eigentlich, im Winter ständig mit meinem Hund rausgehen zu müssen.«

»Das ist klar ein Nachteil.«

»Ja, aber ich zieh was Positives raus: Hundescheiße fühlt sich schön warm in der eiskalten Hand an, wenn man sie mit einer Plastiktüte aufhebt.«

»Der Nachteil wird zum Vorteil.«

»Eben. So komm ich mit warmen Händen durch die Kälte und ganz gut durch die Welt.«

»Hast du das Prinzip schon mit deinem Diesel probiert?«

»Da hab ich noch keine Lösung.«
»Schade.«
»Ja. Aber beim Koksen zum Beispiel, da gibt es noch einen, von den meisten unerwähnten Vorteil.«
»Und der wäre?«
»Man schadet niemandem.«
»Nein?«
»Nicht so wie beim Rauchen. Passivkoksen, das geht ja nicht.«
»Stimmt auch wieder!«
»Siehste?«
»Und was ist jetzt mit dem roten Kaffee? Wollen wir mal dahin?«
»Der Nachteil ist, das ist recht teuer da.«
»Na und? Wir fahren ja noch Diesel und sparen täglich an der Tanke!«
»Stimmt! Lass los!«

Der Laden am Neuen Pferdemarkt hat dann leider irgendwann schließen müssen.

Liebe Wasserflöhe!

Gemeint seid ihr Mentalisten mit dieser Anrede ALLE, jede Einzelne, jeder Einzelne da draußen. Denn wer, wenn nicht ihr, tanzt auf der Oberfläche jeder Flüssigkeit und sei sie noch so brackig oder untief und vermeidet die wahre Auseinandersetzung mit sich und dem Sein? Doch nur ihr mit eurem wasserflohigen Benehmen.

Und versteht mich nicht miss: Da hab ich richtig Respekt vor! Vor eurer Fähigkeit, wie so eine *pulce d'acqua* den ganzen lauernden Dummshit einfach wegzuignorieren, indem ihr nicht REINTRETET, sondern sie als bezogene Unterlage nutzt, um AUF IHR das zu reiten, das ihr Leben nennt. Das ist schon *primadonna*.

Der Goldene-Handschuh-Film

Das große Stadtthema ist hier in Hamburg gerade: Fatih Akins Sohn. Der feiert seinen Dad so hart! Weil Vati Akin hat den Film *Der Goldene Handschuh* so mörderderbe mit seiner Regieforke durchgehaarkt, dass der Streifen erst ab achtzehn zugelassen ist. Ab achtzehn! Ahnst du?

Dabei ist alles in Altona, da wo Fatih lebt, sonst schon ab vierzehn erlaubt: Erpressung, Abziehen, ins Maul Popel Schmeißen, Klauen. Und auf St. Pauli ist alles noch viel härter, da kacken sogar die Hunde auf die Straße ohne abzuputzen. Wie hart muss dann der Film sein, wie hart, Alter?

Dabei ist der Scheißhorror gar nicht drin im Bild. Sondern der kommt nur per Geräusch: Sägen, Erschlagen, Abmurksen, an fremdem Erbrochenen Ersticken. Das ist alles nur zu hören – und dadurch noch mehr und nöcher.

Aber der Honka, der war ja so. So war er, also muss man ihn so zeigen. Man muss es. Und Fatih macht das. Aber, komm her, Digger: Seine Eltern oder seine Frau (vom Gemüt her für Cineasten dasselbe) sollen nicht rein in den Film mit dem Honka! Ist zu hart. Ist Horror.

Mord war noch nie so lebendig, Leben noch nie so verschieden. Für mich jetzt schon der böseste Brummkreisel des Jahres, das sag ich Ihnen aber ohne kranke Fantasien!

Den Film fand ich maßlos ärgerlich. Die gesamte, nicht brutale Nebenhandlung des Romans von Heinz Strunk wurde weggelassen und dann brüstet sich der Regisseur auch noch in Interviews damit, wie kompromisslos sein Werk sei. Da würde er nicht mal seine Frau oder seinen Sohn in eine Vorstellung lassen, so hart sei der Streifen. Bescheuert.

Die 10 »Wieder da«-Regeln

1. Man muss schon mal weg gewesen sein.
2. In dem Zeitraum muss jemand einen vermisst haben.
3. Erst dann kann man amtlich wieder da sein.
4. Nicht zu vergessen: Ganz dicke ankündigen.
5. Am besten mit einem »Wie-Vergleich«.
6. Aber nichts mit Hitler.
7. Besser erwähnen, von wo man wiederkommt (vom Kneipenklo, vom Rauchen, aus der Versenkung, vom Pfefferwachs-Ort), das macht menschlich.
7. Dabei selbstsicher sein, kein Zweifel lassen, wie geil das ist für alle, dass man wieder da ist.
8. Kurz »Ich bin wieder da« sagen. Aber nur einmal, einmal mit Nachdruck.
9. Wenn dann keiner zuhört, einfach wieder verschwinden.
10. Und später nochmal versuchen.

Bücher

Die genial gemachte Blätterfreude für Haptiker und andere Senioren! Wer auch immer diese Idee hatte, eine Geschichte auf hunderte Seiten zu verteilen, damit man alle fünf Minuten beim Umblättern vor Spannung vom Stuhl fällt: Hut ab! Damals hat der Verleger sicher gesagt: »Blöde Idee, das machen die faulen Leute nie! Viel zu aufwendig und dann der Abrieb an den Händen, das funzt nicht, raus aus meinem Büro!« Und heute? Sind Bücher gar nicht mehr wegzudenken im Buchhandel!

Liebe Youtubbies

Manchmal passiert einem was. Zum Beispiel mir vorgestern. Ich stehe mit normaler Angst vor vergehender Zeit an der Kasse. Bei Aldi, wahrscheinlich Nord. Das Pärchen vor mir hat mittelviel eingekauft. Bananen, TK und Klopapier, eine zwanzigfache Palette. Nichts deutet auf ein Leuchten hin, nichts auf ein Ereignis, das nachdenkenswert wäre. Routiniert beendet der strähnige Aldist den Bezahlvorgang und klappt seine Kasse zu. Da sagt der Kunde: »Bitte bestellen Sie mir noch ein Taxi.« »Ein Taxi?« »Ja, ein Taxi. Für jetzt.« Und tatsächlich: Der Kassierer ruft den Ladenleiter aus. Der kommt aus seiner einseitig verspiegelten Kabutze, wo er die Diebe verhört oder onaniert. Ein Taxi? Hmm, ja, welches Unternehmen? Wohin denn genau? Soll der Fahrer reinkommen oder kommen Sie heraus?

Wir in der Schlange müssen warten – fassungslos bis empört die meisten. Ich als Denktank bin auch stark beeindruckt, aber lasse die Gefühle in der Warteschleife und überlege überlegen: »Servicewüste Deutschland«? »Ungerechte Klassengesellschaft«? Kann ja wohl kaum sein! Sieht ja wohl realiter ganz anders aus hier, nämlich wie eben beschrieben. Schaut mal genauer hin auf das Leben. Manchmal passiert einem was. Zum Beispiel mir morgen.

No Spam

Du bist »Stelzbock69«? Ja, geil! Und sonst so? Kamera kannste anlassen, ich bin Upskirter. Lass mal gleich eine schmökern – vorher ist besser als nachher, da hab ich immer so viel Durst, da geht jede Zigarette aus! Und was machste so außer »in der Fantasie«, »von der Erziehung her« und »aus Gewohnheit«? Nix, das ist wenig. Ganz ehrlich, Autoerotik ist auch mein Steckenpferd, das ich gerne ins Ziel reite, da bin ich wie gesagt ganz ehrlich, ehrlich gesagt. Ja, ich achte auf meine Instagramability! Würd ich dir auch raten, meine Augen essen mit, Freund der Sonne.

Safer Sex ist übrigens nicht so mein Fall, ich bin voll auf Suspense. Damit würz ich mein Leben, der Kaktus macht mich lachen. Laichen ist das neue Werfen! Weicher Schanker, Ferdi Schirach, Pferde-Scharlach, Gefrierbrand, Rostfraß, Gossenspaß – einfach mal Worte so sagen, wie sie flutschen. Also bis gleich, wenn es wieder mal heißt: »Lass uns Feinde bleiben, bitte!«

Brief an einen Vertrieb

Montagmorgen im Hanseplatte-Kopfquartier. Der Kaffee läuft schnaufend durch, während sich die Mails der Vertriebe geduldig anstellen, um ihre Ware der Zukunft anzupreisen. Was gibt es für Handelsnews beim ehemalig GROOVE ATTACK benamten Vertrieb aus Köln GOODTOGO? Traditionell interessante Labels wie WARP, CITY SLANG, SPOON, ROUGH TRADE, THRILL JOCKEY, JAZZMEN, PIAS, CHERRY RED undsoweiter sind doch da. Viel HipHop, Soul, Funk, Jazz und andere freie Musiken. Da ist sicher was Schönes dabei.

Aber ganz oben lacht einem diesmal dann als Schwerpunkt was sehr Hässliches entgegen: FREI.WILD, die Darmausscheidung aus Südtirol. Ihre neue Platte, die im November kommen wird. Die für »Schönheit, Lebenslust und packenden Tanz zwischen schreiend-wilden Seelen« stehen wird! Gibt's als Ecolbook-Variante und als limitierte Fanbox und als Vinyl.

Unsere Stimmung ist schlagartig im Bodenlosen. Müssen wir jetzt bei einem Vertrieb bestellen, der seit neuestem diesen Nazimist verkauft? Weil seit Juni auch SOULFOOD (sic!) über sie vertreibt und die nun mal die Heimat von FREI.WILD sind? Offenbar. NIELS FREVERT, DJ KOZE oder Jazz-Live-Aufnahmen aus dem ONKEL PÖ hätten wir sonst nicht.

Vielleicht ist mal Zeit, denen von GOODTOGO etwas zu stecken. In einer Zeit, in der eine CDU in Thüringen tatsächlich überlegt, Koalitionsgespräche mit der AfD zu führen, sind ähnliche Hoffähigmachungen von rechts gequirltem Quark – und das sind Angebote von Rechtsrockbands im Vertriebsprogramm – für uns nicht tragbar. Echt nicht.

Die Kaffeemaschine hat nun auch keinen Bock mehr. Sie hält inne. Das, was aus ihr rauslief, war wenigstens berechtigt braun. Andere Sachen sind einfach nur Dreck, der abfärbt.

Diesen Brief haben wir damals tatsächlich dem besagten Vertrieb geschrieben. Seine Antwort war natürlich von windelweicher Haltlosigkeit und Nichtsdafürkönnen geprägt. Später kam dann noch eine Soloplatte des besagten Sängers. Die hieß »Kontrollierte Anarchie« und gab's als tolles Boxset inkl. »Dachdecker Hammer mit Flaschenöffner«, »stylische, bestickte Cap«, »2 × Angelhaken Blinker«, »2 × Eierbecher«, »Zollstock«, »Zimmermannsbleistift«, »2 × Plektron«, »unterschriebene Autogrammkarte« und »Aufkleber Sticker«. Bis heute unerreicht scheiße.

Hallo aus Hamburg

Was ist hier los, was ist Phase, was ist hier *talk of the town*?

Nun, der HSV baut seine Uhr ab, die anzeigte, wie lange die Eier von Uwe Seeler noch gekrault werden müssen. Das begrüßen wir und sagen genderig #metoo! Was noch? Dann hat ein Schiff mit Teppichsalz aus Showgründen unten am Hafen vor 1 Million Besuchern angelegt, aber die falsche Hymne wurde gespielt. Wir meinen: Kann passieren. Einem Fischbrötchen wurde an der Alster oder Elbe schlecht, auch das passiert schon mal, Schwamm drüber (wörtlich). Und im Puff hinten kocht die Milch über, das ist allerdings unschön, aber naja. Der Zahn der Zeit nagt eben überall an Hamburg. Internet und Mond sei Dank.

Gut, dass wir von der Hanseplatte noch Werte verkörpern und Hartgeld nehmen und humanoide Wärme geben. Wir begrüßen jede Barzahlung mit einem individuellen Spruch: »12,80, sonst kracht's nich.« Oder: »33,40, mehr wird's nich.« Das ist für unsere Tresenkräfte easy weggereimt und lockert die steife nordische Stimmung. Unser Beitrag zum Menschsein.

So ist Hamburg: Widersprüchlich wie ein Hospiz. Zum Leben zu hässlich, zum Sterben zu viele Putzkräfte.

Das Rolling-Stones-Konzert

»Herr Jagger, Sie spielen am Wochenende vor 80 000 Leuten hier im Hamburger Stadtpark. Können Sie sich noch an die schönste Stadt der Welt erinnern?«

»Of course! Giorgio Moroder, Uschi Obermeier, das war eine geile Zeit damals!«

»Das war München.«

»Ah, sorry. Ich meinte natürlich Wuhlheide! Wie crazy Ihr Germans da wart! Habt alles rausgerissen und sogar die Polypen von den Pferden runtergeholt ...«

»Das war Berlin.«

»Klar, genau. Ist ja um die Ecke.«

»Und die Musikszene unserer schönsten Stadt der Welt: Kennen Sie eigentlich Hamburger Künstler?«

»Sure! Peter Maffay, die Onkelz, die Toten Hosen, BAP: Haben alle bei uns schon mal im Vorprogramm gespielt!«

»Stimmt. Aber da ist keine Hamburger Band dabei, Herr Jagger!«

»Nein? Aber das sind alles gute Blues-Guys, alles harte Rocker! Damn good music!«

»Kennen Sie den Song ›Jugendliche‹ von Rocko Schamoni?«

»Nein.«

»Der geht so: ›Ihr seid Jugendliche, ihr seid fertig drauf. Ihr seid stolz und hässlich, kein Bock auf euch. Mit eurem Peter Kraus und Mike Jagger, geht doch nach New York oder Miami!‹«

»Ja, und?«

»Nun, Ihr Nachname wird erwähnt ...«

»Genial! Ihr Hamburger seid ja wirklich noch geiler als die Beatles!«

»Vielen Dank!«

»Kein Grund zur Ursache, you bloody dockside whore!«

Aktuelle Gedanken des Mannes K. am Tresen

Ja, hallo, du ich selber, K.! Gut fühlst du dich an heute. Jetzt ist Zeit für ein paar Gedanken zu dir selber von dir selber. Kommt man ja sonst nicht zu, also besser auf Arbeit erledigen. Hm, erstmal Kaffee gegen den Knarz. Dann die Kasse zählen und dabei ein bisschen rumgrübeln. Eine Rolle Fünfer, zwei Rollen Zweier, unklare Menge Zehner. Nun bin ich also in der Lehre hier. Ja geil. Plattenhändlerlehre. Ein richtiger Popelberuf aus dem vorigen Pleistozän! Sagen die einen. Die anderen so: Cool Bruder, kannste den ganzen Tag Mucke hören. Auf welche Seite soll ich mich schlagen? Und dabei routiniert weiterzählen: Ein Bündel Zwanziger, keine Hunderter, dann die Mistbetrügerstücke in fremden Währungen. Eigentlich heißt mein Beruf ja auch Veranstaltungskaufmann. Sagt die IHK. Hab schon viel gelernt: Wie ich den Fluchtweg mit Kisten zustelle, wie ich die GEMA behumse, wie ich die Band mit Handlingskosten auf Null rechne. Soviel hätte ich auf der Straße nie gelernt. Hier wird ausgebildet! Gut, dass ich diesen Job habe. Wo ist eigentlich die schwarze Kasse, muss ich die auch zählen? Oder gerade eben nicht? Muss ich mal meinen Berufsschullehrer fragen. Der wollte doch eh kommen zum »Wie macht er sich so?«-Gespräch. So, langsam werd ich müde von dem vielen Gedenke. Am besten, ich mach die Hütte mal auf hier. Heute steck ich Liebe in jedes Verkaufsgespräch. Bei Bargeld lach ich, bei EC mach ich eine lustige Bemerkung darüber, wie langsam das doch manchmal ist trotz Breitband. Bei Schweizern schlag ich heimlich eine Edelweißsteuer drauf. Bei Normalos bin ich selber möglichst exzentrisch, dann erzählen die sich in ihrem Kochclub, wie crazy der Store ist. Ich bin flexibel wie ein frisch umgetopfter Gummibaum. Soft Skills sind einfach die Währung im Handel. So. Was gibt's eigentlich für neue Scheiben diese Woche?

Dreimal: Glückwunsch!

Erstmal Herzlichen an Marius!

Du Schrottvogel und fette Sau wirst heute 70. Ich gratuliere dir Sackmann, der seine Würde schon vor 40 Jahren gegen einen widerlichen Klumpen aus steinhart gewordenem Stuhl auf der Erfolgsstraße eintauschte aufs Herzlichste!

Deine Dreckshits »Sexy« und »Rosi« kann heute noch jeder mitgrölen, der seinen Po nicht nur zum Furzen nutzt. Auf der Bühne blieb dein Marius immer eine verlogene Drecksau, der sich bei der Zugabe mit dem Rücken zum Publikum einen Finger ins Auge steckte, um dann gerührt weinend »Freiheit« und »Lass uns Leben« zu singen. Zwei Lieder, die jedes deutsche Feuerzeug hasst, weil es dann wieder minutenlang gegen seine Natur ran muss.

Aber dir war das immer egal, wie dir immer alles egal war, Hauptsache es funzt, mach dich mal locker, ich bin es ja auch nicht, hei, was hast du nur aus diesem Mann gemacht, geiler is schon, Freiheit ist die einzige, die fehlt, ganz und gar, es geht mir gut.

Privat trägt der leberlustige Westernhagen seinen Hut übrigens immer in der Hand. »Weil meine Zofe und der Koi-Karpfen-Wart auch mal den Menschen in ihrem Chef sehen wollen«, schmunzelt MMW und setzt sich eine zweite Sonnenbrille auf. Du bist ein echter Profimensch, das muss man dir lassen! Herzliches Beileid zu dir selber, du Kackwurst.

*

Dann auch einen Herzlichen an dich, Max Dax!

War gerade in deiner unsäglichen Ausstellung »Hyper! A Journey into Art and Music« in den Deichtorhallen Hamburg. Was eine schreckliche bis hanebüchene Reise!

Hat natürlich ein paar gute Werke, das ist bei den Namen der beteiligten Künstler klar. Aber vor allem regiert hier die Idiotie des Egalen, vergurkte Scheinverhältnisse und ätzende Vetternwirtschaft des eitlen Kurators, also dein Scheiß!

Das schaffst du: Den Türsteher des Berghain mit Rhizomatik aufladen, den Humor bei Schlingensief vernichten und ein halbes Dutzend Räume mit Videoinstallationen vollstellen, die bar jeder Inspiration, aber voll von Dünkel und Standestriefigkeit moderner darker Kunst sind.

Das ist so sinnlos sinnhaft zusammencompiliert, dass jeder, der auch nur ein bisschen was über Musik und Kunst weiß, über die vorgeblich hergestellten Bezüge nur lachen kann. Die Binsen kann ich mir auch selber mit dem Holzhammer in die Stirn nageln, da spüre ich wenigstens was!

Sagenhaft arm und unerleuchtet. Ohne Seele. Ohne Gefühl für Neugier. Nur das Naheliegende und beinahe hätte ich gesagt »voll Berlin«, aber einige meiner besten Freunde wohnen ja da. Eine Ausstellung, der man zur Selbsterkenntnis den Titel »Merkste selber« empfehlen sollte, ist das. Max, du hast das Ganze gestohlen!

Und allen rufe ich zu: Geht lieber was Richtiges lernen. Gegenüber zum Beispiel. Da finden sich im Uhrzeigersinn ein Drogenstrich, die Stadtbibliothek und Saturn. Alles besser.

*

Auch an dich, Benjaminchen von Stuckrad-Barre, die allerbesten Krückwünsche!

Du warst mit Springer-Vorstandsarsch und Chefschwurbler Mathias Döpfner befreundet. Er hat dir kumpelige SMS geschrieben und dich gepimpert mit Zeilengeldern oberhalb der Schneegrenze. Aber du hattest ja auch noch nie Geschmack, Würde oder irgendeine Idee von einem Menschsein außerhalb der eigenen Wichtigkeit und der andrer Leute. Der KiWi-Verleger hält dich für einen guten Schriftsteller, ein Lindenberg dich für einen guten Songschreiber, Kollegen für einen guten Popmusikautor, dabei bist du die ärmste Wurst im Glas, ein selbstgefälliges Sackgesicht mit Haltungsnote 6, frühreif, schnell verdorben, reich und nutterich. Danichfür.

Das, was ihr alle könnt, möchte ich nicht können.
Eure Gereon

3 Schmähkritiken, geboren aus echtem Neid und falschem Hass. Alle älter, alle noch gültig. Der Marius-Teil ist in den sozialen Netzwerken mein größter Erfolg gewesen. Tausende Likes, oha! Max Dax halte ich seit vielen Jahren für einen sagenhaften Blender im doofen Teil von Berlin. Zur Kritik an seiner popanzigen Ausstellung bekam ich aus Kuratorenkreisen geflüstert, dass man vieles in den Deichtorhallen ähnlich kritisch sehe. Stuckrad-Barre hat sich ja mit großer Geltungswachheit inzwischen vom Gönner Döpfner distanziert, nachdem er sich jahrelang darin gefallen hat, in diesen Kreisen zu verzehren und das Trinkgeld einzureichen.

In da Natur

Das Gebilde Mensch – was ist das ein schönes Rätsel für uns! Mensch – da fragen sich doch alle: Sind das Leute oder Menschen? Ist bei ihnen noch alles *fresh*? Reifen oder vergammeln sie? Sind sie vom Austrinken bedroht oder extrem verschmuste schlamperte Genies? Was essen sie, was treiben sie, wen reiben sie? Und wo wohnen die überhaupt? Urbanesk oder im Nest? Am Stadtrand oder am Hundestrand? Free oder mit Willy? Ja, was??

Antwort: Beides ist richtig.

Die neuen Specials

Ey Leute! Die Zukunft ist immer die Vergangenheit.

Gestern zum Beispiel passierte mir Folgendes:

Ein Typ steht nach einem Konzert einer Band, die ihre beiden großen Platten vor siebenunddreißig Jahren machte, vor der Halle und hält drei Platten hoch. Alles Originale von damals, sagt er. Alle nur einmal gespielt, sagt er. Alle 15 oder 20 Euro, sagt er. Hat er selbst damals Anfang der 80er gekauft, sagt er. Der Kassenzettel liegt noch drin, sagt er.

Wir kaufen ihm also eine ab und alles stimmt. Die Platte sieht top aus und der Kassenzettel ist von 1981, Musicland in Berlin. Wir bewundern seine Idee, die Schallplatten so zu verkaufen. Direkt an der hoch zugespitzten Zielgruppe dran, B2B oder DTC. Dazu sind die Vinyle nun auch noch aufgeladen mit dem Fluidum des Live-Konzertes. Klingen noch besser, sind inspired, refilled, upgefresht.

Das wird Schule machen! Bald werden Platten, die selbst in den Genuss einer Live-Aufführung der auf ihnen befindlichen Musik kamen, noch teurer gehandelt. »*Experienced by original concert*« wird draufstehen oder »*With real live inspiration*« und eine Null mehr beim Preis hinten.

So wird es kommen. Denkt an meine Worte, wenn es soweit ist.

Ich will dann beteiligt werden!

Das Leben als Schallplatte

Das Leben als Schallplatte muss man sich so vorstellen: 99,999999 Prozent ihrer Zeit hat sie nichts zu tun. Sie steht oder liegt rum. Ist heilfroh aus einem nicht schimmelbaren Stoff zu bestehen. Ist sie quasi mit einem goldenen Löffel geboren, starrt sie auf eine gefütterte, sonst als Ghettochild auf eine nicht gefütterte Innenhülle und denkt tagein und -aus nach. Sie überlegt sich, ob es für sie besser wäre, oft aufgelegt zu werden oder eben nicht. Will sie das eigentlich? Ist Benutztwerden Beachtung? Oder das Gegenteil? Manchmal vergleicht sie sich mit Autos oder Wein. Bei Motoren ist es wichtig, dass sie ab und zu laufen. Bei Wein ist die Grenze zwischen Verderben und Teuerwerden nicht so ganz klar, wie ist das bei der Schallplatte? Im Hintergrund schirmt die Außenhülle sie ab. Die gelbe Sau kann ihr so wenig anhaben, der verfickte Staub auch nur, wenn er sich anstrengt und fein ist. Schon mal gut, eine solche Gefährtin zu haben. Einmal war sie richtig »auf Trip«! Sie wurde entnommen, aufgelegt, rüde umgedreht, wieder umgedreht und dann ungespielt nackt auf eine Kollegin geworfen! *Holy shit! Hang the DJ!* Da lag sie dann inmitten von Höllenlärm, Rauch und Schweißspritzern oder Aperol und hatte nur noch ein Ziel: zurück in die Hülle und die Senkrechte. Zum Glück kam sie nach einer Nacht (oder wie ihre Dance-Kolleginnen sagen: einer »Night«) wieder runter. Kleinlaut steckte sie ihr Besitzer tagsüber zurück. Glück gehabt! Man raunt ja von schlimmsten Zuständen bei anderen Platten! Zerkratzte, befleckte, eingepisste, hüllenlose Faktoti mit einem Restwert unterhalb eines Gummischnullers – das soll es ja geben. Doch gut, wie es jetzt ist, denkt sie sich. Nur gegen einen Besitzerwechsel hätte sie ehrlich gesagt nichts. Mal eine andere Regalrieche wahrnehmen, vor was anderem aufgelegt zu werden als vor immer derselben Nachfolgeplatte, die der jetzige Lord immer, wirklich immer wählt – das hätte schon was. Aber eigentlich ist das ja schon zu weit gedacht: Sie ist ja noch »*sealed*« und im Laden. Lustig, was sie sich da so alles schon herbeihalluziniert! Haha! Na, da kommen ja schon die Bestellungen rein, man hört es am Akustikkoppler da hinten. Nun ist sie sicher verkauft. Und ein neues Leben beginnt. Dieses neue Leben wird dieselben Fragen haben, aber vielleicht andere Antworten bieten. Es ist gut, eine Schallplatte zu sein. Man hat zwar wenig zu tun, aber man kann seine Gedanken wenigstens ungestört drehen lassen. Wie ging nochmal ihr Lieblingswitz? Warum sind Nazis so schlechte DJs? Weil sie den Unterschied zwischen 33 und 45 nicht kennen. Sie schmunzelt.

Dinge

Stopfpilze, Nasenpflaster EY DU. Wannenstöpsel, Moleskine, Bratenspritze, Carrerabahnen GLEICH KÖPPER INS THEMA REIN. Laubbläser, Broschüren, Maskengummis, Wachteleier, Magnete, Särge, Drahtesel, Kleistereimer, Aufbackbrötchen, Sockencreme, Chinavasen, Zahnseiden, Einwegbrillen, Unterwasserdrohnen, Molotowcocktails, Flipflops, Rimowa-Koffer, Klettverschlüsse, Kaffeekapseln, Navigeräte, Playmoschiffe ES GIBT DINGE. Kunstharztreppen, Gewehrkugeln, Taschentücher, Paraglider, Tamagotchis, Klinikschuhe, Dürrebastis, Zitronennetze DAS SIND VON UNS MENSCHEN HERGESTELLTE SACHEN. Diddlmäuse, Umleitungsschilder, Mausefallen, Milchglasscheiben, Fair-Trade-Kerzen, Knicklichter, Mischmaschinen, Schallplatten, Überraschungseier, Geodreiecke, Stromgitarren, Paternoster, Segways ES SIND SEHR VIELE DINGE DA AUF DER ERDE. Smoothiemixer, Klotüren, Solo-Garderoben, Blumengeschenke, Lattenroste, Dosenautomaten, Schachtelhalme, Fetaböreks, Zungenschaber, Scheißereste, Eierbecher SEHR SEHR VIELE. Siegertreppchen, Halbschuhe, Teilchenbeschleuniger, 360-Grad-Kameras, Asbestdecken, Dosophone, Hostien UND ES WERDEN BALD NOCH MEHR SEIN. Rindenmulch, Hefeteige, Raucherlounges, Rettungsfolien, Fettecken, Sägewerke, Kragenspeck, Holzlöffel, Trockenhauben, Friesennerze, Diddlmäuse, Museumsflyer, Meisenknödel, Lümmeltüten, Riesenpflaster, Body Lotions, Kittersatz, Heikos, Luftbefeuchter, Flimmerhärchen NÄMLICH NÄCHSTE WOCHE. Genesungswerke, Beuteltaschen, Schokokekse, Algenpackungen, Lavareste, Tipp-Ex-Flaschen, Dosenöffner, Buntglas, Einweggrills, Hühnerställe, Nadelkissen, Kanülen, Grabsteine, Dielenböden, Zuckerwürfel, Knaufe, Aquarien, Aschebescher,

Handyhüllen, Gaffarollen AM FREITAG ODER SAMSTAG. Klapsmühlen, Schnabelschuhe, Knobelbecher, I-Dötzchen-Tellerchen, Stützstrümpfe, Lyrikbändchen, Autospiegel, Flohhalsbänder, Sperrholz, Sofaecken, Sackkarren, Übertöpfe, Klingeln DANN ÜBERTRIFFT DIE MASSE ALLEN MENSCHENGEMACHTEN MATERIALS ... Eisstielmotoren, Krähenfüße, Panzerketten, Nebelscheinwerfer, Luftballons, Plastikwannen, Affentoaste, Grüteringe, Mikrowellen, Silberlitzen, Hufeisen, S-Bahn-Wagen, Jeansjacken, Schaukeln, Briefkästen, Regale, Fingerhüte, Petrischalen, Wunderbäume, Ritterrüstungen, Glasaugen, Rohrkrepierer, Buskies, Klopapier, Frotteetücher, Perpetuum mobiles ... DAS GEWICHT ALLER LEBEWESEN AUF DER ERDE. Lippenstifte, Schwalbennester, Auspuffrohre, Samttapeten, Samenschleudern, Serviettenhalter, Arbeitskittel, Körnerkissen, Container, Ledertrolleys, Sattelfette, Bettwürste, Ledermänner, Buttermesser, Gitterböden DAS HABEN WISSENSCHAFTLER AUSGERECHNET. Hockerleuchten, Bernsteinzimmer, Ersatzdochte, Klemmbretter, Hinterlader, Vorderhufe, Avocadoschäler, Propeller, Zäune, Spraydosen, Sitzheizungen, Besserwessis, Boxerbirnen, Fusselbürsten, Gabelstapler, Aluhüte, Föne, Hupen, Gipskartons, Goldbroschen, Blitzableiter, Tubensenf, Tüll, Badehosen, Babyklappen, Spachtelmasse ALSO VOM DING HER SIND WIR DANN IN EINER NEUEN EPOCHE. Podcastmerch, Fake-Wimpern, Travelpussies, Bibelhalter, Boxspringbetten, Ventil-Verlage, Bettvorleger, Airbagpackungen, Tennisbälle, Schranken, Nähmaschinen, Ausziehtische, Cordhosen, Wohnmobile, Kabeltrommeln, Mosaike, Knallfolien, Planschebecken, Tupperware, Double Cups, Babybels, Zauberwürfel, DINGE-LINGE-LING! Mousepads,

Mehrfachstecker, Abflusssiebe, Folien, Lesezeichen, Heringe, Carports, Quarzsandhandschuhe, Damenmanschetten, Rumbalotten, Fliegenklatschen, Saunabretter.

Das Ding mit der menschengemachten Masse hat Dietmar Dath auf einer Lesung erzählt, deshalb muss es stimmen.

Hahahaha!

Stehen Trump, Putin und Erdoğan vor einem Stinktierkäfig. Sagt Putin: »Wetten, dass die Tiere mir nichts tun?« Trump und Erdoğan halten dagegen. Putin geht rein und wird total eingesaut.

Nun kommt Erdoğan auf die gleiche Idee: »Wetten, dass die mir nichts tun?«

Trump und Putin glauben ihm nicht und wetten dagegen. Erdoğan geht rein und die Stinktiere sprühen ihn von oben bis unten ein.

Nun will es Trump wissen und geht ohne Zögern hinein. Auch ihn machen die Stinktiere komplett nass mit ihrem Gestank.

»Verdammt!« schreit Trump. »Wieso sauen die uns alle ein?«

Sagt ein Stinktier: »Ich lass mir meine Brüste verkleinern.«

Witz aus dem Internet

Was man alles nicht mit Raritäten machen sollte

* Den schwer erziehbaren Mastinorüden »Carne«, den die 187 STRASSENBANDE mental nicht in den Griff bekam, aus der hinteren Ecke des Tierheims mitnehmen und mit der Tüte Raritäten im Auto bei 33 Grad länger auf dem Parkplatz lassen, weil man im Rewe Center zwar das Hundefutterabteil findet, aber nicht die Maulkörbe.

* Als einzigen Gegenstand zum FKK-Strand an der Ostsee mitnehmen, an dem man zufällig dann AKIF PIRINÇCI, HENRYK M. BRODER, OLIVER FLESCH und ALICE WEIDEL im Sand liegen sieht, während sie sich in der Sonne dem Klimawandel opfern und man selbst keine andere Waffe dabei hat als diese eine verdammte, schön schwere Tüte und zwei Weintrauben.

* Beim Record Store Day auf dem Tresen von MICHELLE RECORDS liegen lassen mit einem herauslugenden Männermagazin, einer leckeren Salami und einem ausgedruckten Discogs-Eintrag drin.

* In eine deutsche Kleinstadt ziehen, älter werden, sich eine praktische Kurzhaarfrisur schneiden (Frau) und verstummen (Mann), dann sich eine Geschichte ausdenken, warum man an den Sachen emotional doch sehr hängt (inkl. Oma-Herleitungs-Erzählstrang), sie aber DENNOCH nun verkaufen würde und dann zum Hörer greifen, um Horst Lichter anzurufen, der die »Händlerkarte« unten links haltend 161 Tage später überreicht.

Die Nachteile von Vorteilen

ALTER: Zu großer Farbverlust: Grauer Star, Seniorenbeige, keine Periode mehr.

JUGEND: Träume und Pläne und Gefühle – aber nur an der Bushaltestelle.

PAYPAL: Käuferschutz ist Betrügerschutz!

ZWEITWOHNSITZ: Grenzt Obdachlose und Arme aus.

AUTO: Erbärmlich abhängig von Stellfläche, Zeiger (Tacho) und Luft (Reifendruck).

HOCHBEET: Schont den Rücken, aber verkrampft die Schnecken.

GELD: Kann weder ficken noch schmecken, kann nichts. Außer kaufen vor Ladenschluss.

SMARTPHONE: Wird zu leicht verwechselt mit Abspielgerät, Suchgerät und Findgerät.

MUSIK: Klingt zum Teil gut, aber das war es auch schon. Hat sonst nur Nachteile.

TASSEN: Unpraktisch: Man muss von oben gucken, was drin ist.

GESCHÄFT: Wird beim Kreuzworträtsel leicht verwechselt mit »Anderer Begriff für Kacken«.

TEAMARBEIT: Chefcharaktere und Like-a-Bosser fallen durchs Raster.

BOXSPRINGBETT: Kein schöner Flachköpper mehr möglich.

BAUERNREGELN: Bald gibt es keine Bauern mehr und dann? Anarchie.

Kolumnisti

Beide wohnen in München. Schiedlich friedlich, komfortabel passabel, ländlich urban, der Geist weit bis zum Nahverkehr. Der eine erzählt dem anderen beim Sorbet, dass er wohl als einziger Mensch in seinem Leben bereits zweimal die Benzinpreisanzeige einer Tankstelle *umspringen* sah. Rein zufällig. Beide schmunzeln sich so richtig einen darauf ab. Die Bedienung wird *en passant* mit einer Wagenladung Jovialität abgeholt.

Der ebenfalls anwesende Edelkolumnist Axel Hacke hört am Nebentisch mit. Er denkt nach, wie es ein Kolumnist tut. Nickt sich selber gefällig zu. Daraus würde er zu Hause einen richtig schönen Text duttflechten!

Das launige Gespräch nebenan geht weiter mit der Frage, warum man eigentlich noch nie im ganzen Leben Taubenbabys gesehen habe. Was, Taubenbabys, wie meinen? Ja, gerade geborene Tauben. Frische Tauben, neue Tauben. Nein. Ja. Ist nicht wahr. Ist es doch. Stimmt. Erstaunlich und merkwürdig. Schmunzelwunzelfidibus.

Axel Hacke bricht sensibel zusammen: In so kurzer Zeit gleich zwei Pointen, in die man sich gepflegt feinsinnig reinlangweilen kann: »Ich bin jetzt in dem Alter, in dem man denkt, man hat alles schon ein- oder zweimal gesehen. Aber das stimmt nicht. Neulich sah ich zum zweiten Mal in meinem Leben die Benzinpreisanzeige einer Tankstelle umspringen. Andere Sachen dagegen habe ich noch nie gesehen. Taubenbabys zum Beispiel ...« undsoweiterundsoöde. Keine Fickspannungsprüfung ist in Sicht.

Gut, dass man Kolumnist ist. Man erlebt ja sonst nichts. Bleibt alles anders. Neues vom Dauerzustand. Status quo vadis. Oingo Boingo.

Die 10 bizarrsten Gerüchte über Heinz Strunk

1. Er glaubt, die Menschheit gehört in einen Schwitzkasten, den er bauen muss.
2. Er hat sieben Gummistiefel.
3. Er züchtet Camemberts ohne Gold und Tattoos mit viel Freude und milder Geduld.
4. Er fühlt sich als »Heinz Strunk« nicht mehr ausgelastet und plant eine neue Karriere als Youtubbie oder bei Fortnite.
5. Er denkt 80 Prozent des Tages an die geschlossene vierte Röhre des Elbtunnels, an Krankheiten und an seine Freiluftdusche auf der Terrasse.
6. Er möchte ein zweites Kind von sich.
7. Er teilt die Menschheit ein in »alt«, »jung«, »wie man sich fühlt« und »La-La-Mensch«.
8. Er spielt seit März 2012 Briefschach mit Eckart von Hirschhausen.
9. Er kann beim Asiaten die Stäbchen mit ätzender Spucke aushöhlen und zum Strohhalm umfunktionieren.
10. Er schlief mit Romy Schneider, nachdem ihre Mutter mit Hitler schlief, wusste aber damals weder wer Romy Schneider noch Hitler war.
11. Ihm sind Zahlen egal.

Geehrte Weggefährten

Jeder kann es spüren: Auf digitalen Geräten Geschriebenes ist unterschiedlich. Bei manchen fühlen wir uns wohl, in anderen angespannt und unter Druck gesetzt. Warum ist das so?

Weil der Computer oder das Smartiephone an unterschiedlichen Orten benutzt werden, ohne dass man auf die Geomantie des Ortes achtet. Wenn der Boden zu einem spricht! Unsere Ahnen ließen sich noch viel Zeit, einen guten Platz für ihren Brunnen, die Dorflinde oder gar die Kirche zu finden. Und heute dagegen machen alle ähnlich wichtigen Sachen im »Irgendwo«, im »Egal«, im »Jetzt« ohne »Hier«.

»Ich kann überall gut arbeiten!«, das hört man oft auf den Rändern der Bürgersteige der Straßen der Metropolen der Länder der Welt dieses Universums. Ja, möchte man antworten, aber WIE GUT?

Eine wohltuende Beziehung zum Ort setzt eine Beschäftigung mit ihm voraus. Die Menschen haben einfach verlernt, der Erde zuzuhören. Wussten Sie, dass sich die Kontinentalplatten ständig heben und senken? Um 80 cm, das ist soviel wie ein kleiner Hund! Die Erde lebt und wir benutzen sie nur noch als Platz zum Lesen oder Essen. Das muss man sich klarmachen.

Und ändern. Damit jede Mail eine schöne ist, eine anregende, eine uns eventuell sogar innen erhellende.

Wenn also dieser Text hier aufhört und Sie haben keinerlei Kaufimpuls egalfürwas gespürt (ein übrigens tief im Menschen verankertes Urbedürfnis, siehe die Bezeichnung Neandertaler, na klongelts, -»taler«, was ist damit wohl gemeint?), dann gehen Sie mit ihrem Mailprogramm woanders hin. Bewegen Sie sich raus, rein, nach hinten, nach vorne – letztlich ist das gleich. Nur Spürung sollten Sie haben.

Gedanken zu Jochen Distelmeyers Platte »Gefühlte Wahrheiten«

* Wenn man »Liebst Du mich?« fragt, verjagt man vielleicht die Liebe.
* Steht Metierbeherrschung der Magie immer entgegen?
* Aschenbecher in Kellerkneipen, Hustenanfälle und Gichtgedanken sind unkomponierbare Lemuren.
* Wandelhallen, Oberlichter und PREFAB SPROUT-Harmonien dagegen sind und bleiben die hellsten Sterne.
* Wenn sich Herz auf Schmerz reimt, wieso reimt sich Gänsehaut nicht auf »Holy Moses, ist das geil, du Sau«?
* Fragen sind die besseren Antworten.
* Ein Fluss hat zwei Seiten, ein Ufer nur eine und zwar den Fluss – ist das gerecht oder Natur, wobei usw.
* Ich denk nicht an mein Gehirn, aber es denkt ständig an mich.
* Heißer Sand und ein Herztattoo sind für mich keine Option.
* Eine flache Erde ist ja wenigstens von oben rund.
* Halbe Sachen sind ganz.

Trotz meiner tiefsinnigen Listenrezeption ist diese Platte verkaufstechnisch komplett baden gegangen. Unverständlich.

Boy Division

Vor vielen Jahren betrieb ich in Göttingen das Plattenfachgeschäft DIS RECORDS. Zum zehnjährigen Jubiläum, das ich aus Marketinggründen drei Jahre früher feiern wollte, beschloss ich, dieses Ereignis, auf das meine Bestandskunden seit Jahren hinfieberten, weltmännisch aufzupeppen. Das hieß, coole Gäste aus einer größeren Stadt einladen. Am besten, bezahlbare coole Gäste. Und welche, die gut feiern können.

Nun war damals gerade irgendwo eine unscheinbare CD namens »ILL« erschienen. Ein graues, gestalterisch und klanglich dünnes Werk, auf dem eine mysteriöse Band namens BOY DIVISION bekannte Stücke nachspielte. Songs wie »Wicked Game«, »Song 2«, dann was von Oasis, Motörhead und den Eurythmics. Hittige Topsongs, die nur an einem litten: an ihrer Erkennbarkeit vom ersten Ton an. BOY DIVISION änderten dies auf ihrer Platte. Wenn sie anfingen, wusste man erst sehr viel später, welches Stück das sein sollte. Mir gefiel dieser Ansatz und ich ließ die CD oft im Laden laufen. Ob diese Band zu engagieren war? Sie schien leicht zu haben.

Genau kann ich mich an meine Anfrage in Hamburg dann nicht mehr erinnern. Wahrscheinlich habe ich in der Schraubenfirma (oder wo auch immer er wirklich arbeitet) von Bernd Kroschewski angerufen. Weil er dachte, endlich kommt mal wieder ein Auftrag rein über zwanzig Paletten 12er-Flanschmuffen oder so ähnlich, hat der Schlagzeuger der Band wahrscheinlich abgehoben. Offenbar hatte unser Dialog aber auch konstruktive Elemente, denn ein paar Wochen später hupte es und eine Art Auto hielt vor meinem Geschäft in Göttingen. Es war samstagnachmittags und die Sonne brannte.

Sofort türmte sich meterhoch Stress auf. Eingezwängt und

offenbar fast verdurstet entfalteten sich vier oder fünf Männer auf den Bürgersteig und begannen ihre impertinente Fragerei: Ob sie hier richtig seien in Göttingen? Ob ich ihnen mal den Weg zeigen könne zum Chef vons Ganze? Wo überhaupt denn die Bühne sei? Wo die Wellenbrecher, wo Backstage, wo das Bier? Ob das versprochene Spritgeld schon bereitliege undsoweiter. Also eine typisch anstrengende Musikerhaltung, so wie bei Mariah Carey! Aber man muss auch sagen: BOY DIVISION waren ebenso gut und knapp angezogen wie die amerikanische Frau Sängerin. Alle trugen knitterfreie Anzüge, Krawatte und Hemden. Sowas hatte mein Untergrundladen eigentlich noch nicht gesehen, es war die Zeit von Grunge und einer gewissen Kleidungsegalheit. Die Band schien das aber gewohnt und thematisierte ihre modische Überlegenheit kaum.

Die erste Aufregung legte sich langsam. Mein sorgfältig temperiertes Begrüßungsbier war exzellent und ich wusste damals schon die bescheuerten Schrullen von kapriziösen »Musikern« wegzuignorieren. Das Zauberwort heißt »*bridging*«, das machen Politiker auch. Wird eine Frage brenzlig, gleitet man über eine selbstgebaute Brücke zu einem schöneren, harmlosen Thema. Bei Musikern hilft da oft ganz einfach das Hinwenden zum Thema Musik, denn da glauben sie sich auszukennen. Was ich als Plattenhändler aber grundlegend bezweifle. Die meisten Musiker haben keinen Schimmer von Genres oder Styles, aber müssen sie ja auch nicht. Sie sollen spielen und uns erfreuen mit ihrem harmonischen Spiel. Wie Hofnarren und Jongleure.

Nun, die Musik von dieser Gruppe BOY DIVISION hatte ich in tagelangen Listening-Sessions fachmännisch als »Garagensound« klassifiziert. Diesen Honig wollte ich ihnen um den Bart schmieren und schwärmte, sie seien ja die beste Garagenband Deutschlands! Vielleicht sogar Europas!! Ob sie deshalb nicht in unserer Garage hinten am Hof auftreten wollten? Einer richtigen, echten Garage. Merkste selber, zwinker klonker. Überraschenderweise fand die Gruppe diese extrem geniale, aber gewagte Idee unmittelbar gut. Sie stimmte zu. Sogar der amerikanische Zweitgitarrist wehrte sich nicht und bejahte den Plan durch cooles Schweigen.

Ich sperrte die Band also in die leere, seit Jahren als Nichts benutzte Garage hinten am Hof. Dazu zwei Kisten Bier, Cola und Rum rein und einen Eimer für Königstiger. Und bitte leise reden, es sollte ja niemand ahnen, dass die angekündigten Stars aus Hamburg da drin waren! Denn das war die Idee: Das zum Feiern zur blauen Stunde kommende Publikum sollte überrascht werden, aber richtig. Außerdem kann ich mich als Veranstalter ja nicht stundenlang vor einem Konzert mit den Musikern unterhalten, wo käme man da hin, womöglich rutscht man dann noch in die seriöse Eventbranche, nein danke.

Also trudelten langsam Dutzende meiner Kunden ein, freuten sich ihrer selbst, taten dem anderen Geschlecht schön, rauchten und tranken. Bis irgendwann – wahrscheinlich waren die Getränke drinnen alle – für alle vollkommen überraschend die beiden Garagentore durch Tritte aufgesprengt wurden und BOY DIVISION ihre Musik feilboten. Die Menschen erstarrten vor Schreck auf dem nun gut gefüllten Hinterhof. Kinder weinten, die Vögel fielen vom Himmel, Regenwürmer verkrochen sich unter das Pflaster. Wer hatte die vier oder fünf

Irren denn bitte in der Garage vergessen? Große Begeisterung in allen Ohren neben den offenen Mündern. Wie dieses Spitzenkonzert ausging, weiß leider keiner mehr und Handy gab es noch nicht. Es war aber besser als gut und enorm einflussreich. In der Region Göttingen entstanden danach 132 neue Bands, die diesen Sound nachahmten, wie damals bei Velvet Underground oder Suicide, die auch erst keiner hörte und nachher haben sie alle geprägt, die Rockgeschichte ist voll von solchen Ereignissen.

Jahre später, als ich dann selbst in Hamburg lebte, habe ich die Gruppe BOY DIVISION öfters wiedergetroffen. In der Gosse, an Tankstellen oder vor ihren Stammkneipen oder im besten Plattenladen der Welt, DURCHSCHNITT, dessen Räume sie nach seinem Ende anmieteten, um sich wohnungsmäßig auf ein Getränk zu treffen. Ihr nie ausgesprochenes Motto, dass am Ende eines Abends alle Flaschen leer und alle Menschen voll sein müssen, haben sie immer, wenn ich sie sah, mit Leben gefüllt.

Auch ihre Showkonzepte fand ich immer zielführend und auf Niveau. Beispiel: Wenn man nicht weiß, wie ein Schlagzeug aussieht und im Musikladen zu schüchtern ist, um zu fragen, was macht man dann? Dann baut man sich einfach eins aus verfügbarem Schrottmaterial, ist doch klar. Oder der Sänger: Einfach Brille abnehmen und mit 19 Dioptrin auf die Leute wie ein lauernder Triebtäter zugehen – das ist einfach eine gute Idee, die funzt. Da kann sich kein Mensch wegducken und muss die Ladung Präsenzpower mit dem eigenen Gesicht nehmen. Oder wenn man privat bei Leuten spielt: Einfach das Aquarium in die Badewanne schütten und die Bowle im nun fischlosen Aquarium zubereiten. So haben alle etwas davon. All das sind typische BOY DIVISION-Ideen, die die Herren offenbar entwickeln, weil sie keine Zeit damit verplempern, eigene Stücke zu schreiben.

Einmal wohnte ich einer von ihnen kuratierten »Versteigerung« bei. Ziel dieser (natürlich im Nebel der Erinnerung stark milchig verschwommenen) Veranstaltung war, so glaube ich, möglich *wenig* Geld zu erzielen. Auf ein »Du bietest 18 Euro? OKAY. Und du dahinten? 17 Euro? Dann bist du vorne« folgte ein ellenlanges Runtergebiete, bis man sogar bei unter Null ankam und der Auktionator den Leuten Geld gab, damit sie die Gegenstände mitnehmen konnten. Klingt kompliziert – ist es auch. Vor Gedanken, die noch nie jemand hatte, hat diese Band keine Angst und das hört man auch in jedem Ton.

Dafür spricht auch ihr zielgruppenspezifisch ausgetüfteltes Merchandising. Krawatten, die man nicht selber binden muss. Trinkbecher zum Ausklappen. CDs eingeglast in ein Buddelschipp, das man zerschlagen muss, um sie zu hören. Oder ihr Bierpferd! Ein pferdegroßes Pferd aus gefrorenem Bier, das die Leute während des Konzertes ablutschen mussten, bis es nicht mehr da war. Alles vom Genius gestreift und demzufolge übermenschlich erfolgreich, manchmal bin ich sogar neidisch. Nein, eigentlich immer.

Einmal hatte ich eine Lesung mit der Gruppe BOY DIVISION in Berlin. Am nächsten Tag sollte es zurückgehen. Da einer aus der Band an die Nacht oder einen anderen Menschen verlorenging, war ein Platz frei im Bandbus (also in einem Kleinwagen) und ich durfte mit. Hinten links, direkt hinter dem Fahrer, den die Band durch einen Test bestimmte: Er war der Einzige, der mit seinen Fingern ein Lenkrad in die Luft zeichnen konnte mit nur einmal Absetzen. Für die Fahrt nach Hamburg, die ja sonst so drei Stunden dauert, haben wir dann sechs oder noch mehr Stunden gebraucht. Nicht weil Stau war, sondern weil *kein* Stau war.

Die Band verspürte nach fünf Minuten Fahrt (da waren wir noch in Berlin) einen Riesenhunger und reagierte enthemmt auf das straßenrandig entdeckte »Regional bayrische Küche«-Schild. Spanferkel, Klöße, Sülze, Speck und ein paar Stütz- und Konterbierchen unterstützen fortan die Reise, kosteten aber eine gute Stunde. Ich kapierte, Reisen mit BOY DIVISION hat nichts mit Ankommen zu tun.

Dann ging's weiter. Oder halt nicht. Die Gruppe machte alle paar Minuten eine groß angekündigte Rauchpause. Also anhalten, aussteigen, rauchen, dann pinkeln und nochmal rauchen. Dutzende Rauchpausen allein bis Ludwigslust. Obwohl im Auto geraucht werden durfte!

Und dann die ganze Zeit Witze. Es gab keine Minute, in der nicht ein Witz angefangen, beendet oder seine Güte debattiert wurde. Alle in der Band sind bis heute große Fips-Asmussen-Witze-Fans, er gilt intern als heilige Kuh und ist eine Art Götze, dessen Erbe man unbedingt weiterführen muss, indem man die gleichen Witze auch nach fünfundzwanzig Jahren nochmal »bringt«.

Nun, so fleißig und feinsinnig die Gruppe BOY DIVISION bei quasi allem ist, so faul ist sie beim Musikveröffentlichen. Sie haben tatsächlich erst einen echten Longplayer geschafft (in Zahlen: 1). Eine CD, die es dann zehn Jahre später mal auf Vinyl gab. Ein zweiter ist eine Compilation von Songs, die auf anderen Compilations oder auf einer CD-EP von ihnen selber bereits veröffentlicht wurden, aber bisher nicht auf Vinyl.

Soundtechnisch ist über die Jahre kaum Entwicklung erkennbar. Ihr Gesamt-Klang ist immer noch eine Mischung aus Galopp und Trab. Alle spielen immer zusammen, keiner setzt je aus oder synkopiert irgendwas. Das Lied muss weg, muss raus. Schnell oder langsam ist eigentlich auch latte, jedes Mitglied muss beides können. Die Songs gehen los und hören am Ende auf. Man kann das Wort »klassisch« bemühen, wenn man will.

Auch intern scheint die Gruppe BOY DIVISION wertkonservativ gepolt. Alle kennen sich von Bandbesprechungen oder hatten schon mal Sex. Warum sie seit über zwanzig Jahren gleich gekleidet sind, hat einen einfachen Grund: Notwendige Umbesetzungen merkt kein Mensch und man kann immer in Originalbesetzung auftreten, was die Gagen auf konstantem Level hält.

Kritisch anmerken möchte ich, dass man als Fan der Gruppe BOY DIVISION kaum unterstützt wird. Fanclubs, Fantreffen, Autogrammstunden – alles Fehlanzeige. In meinen Rocklexika kommt die Band nicht vor. STEREO oder STEREOPLAY, die beiden führenden Hifi-Magazine, verschweigen die Existenz dieser Künstler und ihres Werkes. Wenn man die Band mag, ist man offenbar allein. Das scheint Absicht, offenbar möchte man uns Sympathisanten abhängig machen. Ein diskutabler Ansatz, das sehe ich kritisch.

Aber dann erlebe ich sie mal wieder live, weil irgendein Megaphon-Flagshipstore sie für seine Eröffnung in der Schanze gebucht hat, und vergesse meine ganze karierte Kritik. Ich vergesse, dass diese Männer dem zweifelhaften Hobby Ausstopfen frönen (sie stopfen selber aus: Pinguine, Meerschweinchen, Vögel, alles!). Vergesse, dass sie nur den einen Film von Weird Al Yankovic auswendig können. Vergesse, dass sie jedes Mal beim Bäcker »Ich möchte Rumkugeln!« sagen und sich vor dem Tresen wälzen. Vergesse, dass sie ganze Landstriche veröden lassen würden, wenn sie Durst haben, und ihre Omas und Opas für einen guten Witz verkaufen würden.

Ja, ich vergesse das alles und höre und sehe der Gruppe BOY DIVISION versonnen zu und denke: Das ist eine Band, wie es sie hoffentlich nie wieder geben wird.

Liner Notes zur Jubiläumsplatte der Band, geschrieben 2019. Als Lohn bekam ich Boy-Division-Aufkleber bis an mein Lebensende versprochen. Habe bereits einmal Nachschub angefordert, weil der Aufkleber auf meinem Auto durch einen harten Winter zu blass wurde. Es dauerte keine 48 Stunden und frische Sticker lagen in meinem Briefkasten.

Gitarre

Die Gitarre ist das unbekannte Nischeninstrument der Rockmusik. Kaum ein Song kommt ohne sie aus, aber kaum einer weiß, wie dieses mysteriöse Dingen eigentlich aussieht. Fragt man ein sagenwirmal am Halfpipe-Döner rumlungerndes jugendliches Etwas, wie es sich denn bitte eine »Gitarre« vorstellt, kommt erstmal nix und dann noch weniger, nämlich gar nix. Dabei ist sie immer und überall zu hören! Bei Lil Nas X, Capital Bra, Billie Eilish, Daddy Yankee und Kontra K axt sie sich hintenrum durchs Lyric-Gehölz – bei Helene, MIchelle, Andrea und Kaisers Roland karamellisiert sie nebenbei und soft den brisanten politischen Klartextspeech. Ihre Klangfarben sind einfach fantastisch, da kommt kein Apfel mit! Sie kann schimmern und schimmeln, sie kann rollen und grollen, sie kann funky und kranky.

Auch Rammstein werden bald drauf kommen, dass die Gitarre einfach das Instrument der Stunde ist und sie in jede Hose gehört und zwar vorne beim Mann. Frauen können naturgemäß wenig mit den phallischen Zeptern anfangen, für sie gibt es kleinere Gitarren namens Ukulele oder Banjo.

Die Gitarre, das Symbol für Neugier (der lange Hals), fürs Eierschneiden (die Saiten), für Sicherheit (der Gurt) und für grenzenlose Freiheit (das Gegniedel), also quasi für die Moderne, das Tanzen auf dem Vulkan der Lust und hemmungslose, aber bewusste Fressen von Tieren mit Niveau.

Also, denken Sie daran, wenn Ihnen jemand erzählen will, dass die Gitarre tot oder lebendig sei. Sie ist in solch langweiligen Kategorien nicht zu fassen.

Die Nachteile von Gitarristen

JIMI HENDRIX: Reinigte seine Zunge mit der Gitarre. Nur noch krank.

ED SHEERAN: Gewissenlos: Ging mit siebzehn mit seiner Klampfe von zu Hause weg, ohne sie zu fragen, ob sie mit will.

KEITH RICHARDS: Ihm fällt eine Kokosnuss auf den Kopf, und er klingt danach genauso. Hallo?

J MASCIS: Seine Haare geraten bald in die Felgen und verölen den Klang.

DER MAJOR: Für einen Menschen eigentlich vollkommen unmöglich: Nach ihm ging's bei BAP noch weiter bergab.

DAVID GILMOUR: Seine Soli führen nach Pompeji und Atlantis. Beide Städte sind untergegangen.

RICKY KING: Kann es nur ohne Kapodaster.

MARK KNOPFLER: Ein Menschenfeind. Hat seit siebenundzwanzig Jahren nicht mehr ohne Gitarre gewichst.

FRANK ZAPPA: Lachte schon beim Wort Unterhose. Unglaubwürdig.

ERIC CLAPTON: Selbst für einen Schneckenzüchter in Zeitlupe zu öde.

AL DI MEOLA: Yehudi desto Menuhin.

Das Kamel des Pop

»Was? David Robert! Du kannst doch nicht einfach ein neues Album veröffentlichen! Ohne uns zu fragen! Das geht doch nicht!« Im S. Barrett Geriatric Center Inc., dem New Yorker Seniorenheim für alternde Musiker, kann man die Luft schneiden. Nicht nur, weil sie abgestanden mufft wie alte Zivis unterm Arm. Nein, die Leiterin des Workshops *for possibly overambitious music*, Joni Mitchell (72), ist aus Gründen richtig sauer auf jemanden.

Nämlich auf den dünnen weißen Duke. Den Bewohner, der gern mal aus der Reihe tanzt und sinnige Ehrenkodizes aus »künstlerischen Gründen« stört. Denn eigentlich fragt man hier im Heim erst einmal die anderen Artisten, wenn man noch mal aufs Trapez der großen Musikwelt steigt. Aber dieser David Bowie (68) scheint ja *spacey* über den Dingen zu stehen. Und hat einfach sein neues Album *Blackstar* ohne das Einverständnis seiner Mitbewohner angekündigt.

Dass der Typ mit den unterschiedlichen Augenfarben *progressive-blue* und *weirdo-brown* kein einfacher Kandidat für die Residenz in Spazierstocknähe vom Hudson ist, war eigentlich bereits bei seinem Einzug vor drei Jahren klar. Schon damals kam er mit einem frischen Album um die Ecke – und zog trotzdem bei den Musiker-Senioren ein. Deren Grundregel eigentlich ist, dass man sich aus dem aktiven, produzierenden Popbiz zurückgezogen hat.

Es war halt ein Platz frei bei Cher (39–69), Donovan (69), Paul Simon (74), Jerry Lee Lewis (80, gefühlte 79), Ray Davies (71) und Grace Slick (76). Auch im Workshop von Joni gibt es genug zu tun, denn der Freigänger Phil Spector (76) kann auch nicht jedes Mal kommen. Manche Klangmauer im öffentlichen

Raum erscheint dem ehemaligen Studio-Wizard heute unüberwindlich.

Also was tun mit Bowie und seinem Fauxpas, der Welt da draußen doch wieder ein Album versprochen zu haben? Der Ältestenrat tagt und debattiert: Setzt man ihn nun auf Arme-Ritter-Entzug? Verlegt man ihn zur Strafe zum stark hörgeschädigten Pete Townshend (70), der ihn immer mit »Hahaaa, da kommt das Kamel des Pop!«, anschreit, weil er »Chamäleon des Pop« mal falsch verstand? Oder einfach zum Gassigehen mit Iggy (68) verdonnern, der freiwillig in einer Hundehütte etwas abseits der Hauptgebäude tagein, nachtaus bellt und knurrt?

»*Come on, keep calmer*. Ich gebe keine Interviews mehr. Ich trete nicht mehr live auf. Ich bringe jedes Jahr dreieinhalb Compilations mit altem, remastertem Kram raus – das könnt ihr doch nicht aktiv nennen!« Bowies Rechtfertigungen klingen schlüssig, besänftigen die grollenden Kollegen etwas. Eigentlich macht sich der ewige Kopist ja ganz gut, das muss man zugeben. Altert rockstarmäßig solide im Bereich Verwertung und Katalogpflege. Aber müssen denn ständig diese Platten mit neuer Musik sein? Ob er da nicht etwas kürzer treten könne? Ein Scott Walker reiche doch. Sonst wollen seine Neider im Haus bald auch wieder ran, man kenne das. Donovan hat sich neulich schon nach Rick Rubins Nummer erkundigt.

»Aber Folks, ich bin doch auf einem guten Weg hinab in die richtige Kunst! Noch eine surreale Schippe mehr, noch ein erratische Wendung zusätzlich, noch mehr Kryptodingenskirchen und Meta-Schwurbel, da könnt ihr ja wohl nicht meckern. Ich bin doch berühmt für mein Nichtsein! Bin doch

David, der mit Bowie nix zu tun hat, also quasi David ›David Bowie‹ Bowie, das ist doch mein Ding, wisst ihr doch! Identitätswechsel, Rollentausch, Häutung, Inkarnation, ich kann alles und nichts, ich bin Dialektiker und Plagiator, Vorreiter und Nachhut in einem, der schattige Visionär, der Extraerdling, ein Hybrid mit Hybris!«

Aus der ZEIT-Serie »Klug weiß es«. Gab unschöne Reaktionen von Bowie-Fans, die sein Spätwerk schätzen, was ich nicht tue. Am schlimmsten sind seit seinem Tod aber die Bearbeitungen seiner Kunst: Filme, Musicals, Hommagen. Ich war mal in der hochgelobten LAZARUS-Inszenierung im Deutschen Schauspielhaus und wusste sofort, was ich an Theater so zweifelhaft bis unsäglich finde. Zielsicher suchte man sich die schmockigsten Bowie-Songs aus und jubilierte die meisten in voller Länge kaputt. Die Dramaturgie war eine Frechheit: Auf Sätze folgte ein Song, dann wieder eine Dialogstelle, dann kam wieder Gesang und die Schauspieler sprachen was, damit dann wieder ein Lied undsoödeundsofort. Die Texte waren unpointiert und leer, die erzählte Geschichte eh sagenhaft unsagenhaft, obwohl es um das gute alte Nicolas-Roeg-Märchen ging. Dazu erinnerte die Choreografie lustigerweise an eine der (gar nicht mal so wenigen) schwer unsicheren Stilphasen Bowies, nämlich an die »Glass Spiders Tour«; es war also die pure Pein. Und die alte Regel, dass man Bildschirme mit modernem zersplitterten Cut-up-Polit-Medien-Terror im Theater dann einsetzt, wenn einem nichts mehr einfällt, befolgte der Regisseur Falk Richter auch ganz gern. Das kurz mal so nebenbei, haha!

Musik, was ist das eigentlich?

Also klar ist: Musik ist gut *auseinanderzuhalten*. Die eine sämt und schmeichelt, die andere klopft und nockert. Und dazwischen gibt es noch dreitausend andere feinste Differenzen, die es einem leicht machen zu lieben, gleichzugülten oder zu hassen.

Musik ist auch gut zum *Verbinden*. Je nach Anlass wirkt sie anders – im Club tanzt man, im Stau haut man aufs Lenkrad zu ihr und was früher der *Bolero* beim Sex war, ist heute die Playlist »Sensual Feeltouch« bei Spotify. Musik ist Fugenkitt und kleinster Nenner und längste Leine.

Musik hat's also drauf. Ihr Siegeszug durch die Welt ist seit Zorcs singulärem Grunzen im Atrium der Höhle bis heute *kein Wunder*. Wenn es sie nicht gäbe, müsste man sie erfinden, so sagen Langweiler gern, aber die Wahrheit ist nun mal auch öde.

Also das ist Musik. Kommen wir zu den Ohren.

Lebenskniffe (formerly known as Trick 17)

Liebe Experten. Viele von euch fragen uns LAIEN, was man tun kann bei der AKTUELLEN SCHEISSE. Klimawandel, AfD, Dieselflüssigkeit undsoweiter. Ihr seid ratlos und wollt dem Volk aufs Maul schauen, wollt den WEISEN SAFT JAHRHUNDERTERALTER MENSCHHEIT, der in jedem Bürger bei uns steckt, abzapfen. Denn wir Lauchis hier unten haben das BASIS-WISSEN, den von Wissenschaft und verstiegener Intellektualität unabhängigen MUTTERWITZ und die gottgegebene BAUERNSCHLÄUE. Und zusammen die SCHWARMINTELLIGENZ.

Und wir haben vor allem das TIMING. Oft reicht ein Tipp, er muss nur der richtige sein. Hier unsere knackigen RATSCHLÄGE zu den aktuellen Problemen:

* KLIMAWANDEL: Das Land fett wässern, so gleicht sich's aus.
* AFD: Selber so lange nach rechts rücken, bis man wieder links ist, die Erde ist schließlich rund.
* DIESEL: Zweiten Tank für Benzin einbauen.
* BAYERN-MÜNCHEN-KRISE: Alan McInally, Calle Del'Haye und Jean-Marie Pfaff zurückholen.
* BANKSY: Das Bild mit 3D-Drucker neu machen, easy.
* HAMBACHER FORST: Jetzt bedrohte Menschenart »Manager« aussetzen und ansiedeln.
* BRETT KAVANAUGH: Mit Alkopops in Falle locken und dann in U-Haft vergessen.

Bitteschön. Gern gegeben.

K.

K. (alt, aber nicht so alt, dass er sich nicht neue Musik noch anhören würde, also nicht so alt wie die ganzen Fokus-auf-andere-Sachen-Leger seiner Altersklasse oder der paar darunter, darüber ja sowieso) betrachtete die Neuheiten, die wie ein ewiger Wellenschlag an das Ufer seines Geschäftes brandeten und die wieder in ihm alle Gefühle, die man als Mensch beim Paketeaufreißen so haben kann, also echt alle großen wie bei Shakespeare (Hass, Liebe, Gier, Scham) und kleinen wie bei Gott (Egalheit, Bräsigkeit, Schnurzpiepigkeit), aufkommen ließen und seinen guten alten Traum kreuzten, nämlich den, wo er bei jeder Plattenlieferung immer kleiner wird, tageintagaus, bis er so klein ist, dass er sich vom Tresen fallend wirklich so richtig ernsthaft verletzen, vielleicht sogar sterben würde, genau da vor ihm aufschlagen würde, wo jetzt eine Kundin anstand, um was zu fragen, aber sich offenbar nicht traute oder vielleicht ahnte sie sogar, dass es gerade in K. anders als freundlich aussah, um nicht zu sagen, monströs katastrophal, geradezu *fuckin sad, lonely,* in ihm rumorten leider auch alle anderen *bad feelings*, die von allen verfickten bärtigen Jammersongwritern auf den Trapezen der alternativen, null alternativen Welt ja längst zu Tode gegreinten Gefühle, sicher die niedrigschwelligste Art klarzumachen, dass man sich wichtig machen will, und dieses Overstatement hatte er immer schon abgelehnt, damit wollte er nichts zu tun haben, aber ist das Schrumpfen denn besser, fragte er sich jetzt, wäre es nicht besser, zu einer Tonne sämiger Erdnussbutter zu mutieren, um der ganzen Zähigkeit der Erde mal wirklich was Adäquates entgegenzusetzen, etwas, wovon ausnahmslos alle betroffen sind, nämlich einer richtigen Langwierigkeit den schleppend schönen Schub zu geben, der ihn dann eben nicht vom Tresen fallen lassen würde, wie vorhin noch geplant, sondern ihn hinabfließen lassen würde, direkt auf die Sneakers der Kundin, aber das erst nach Monaten, vielleicht Jahren des Hinabtropfens am Tresen, Zentimeter für Millimeter, bis dann eh niemand mehr da wäre, der diesen Prozess unverhungert sich hätte ansehen können, also das wäre doch vielleicht die Idee, die er sich schon bald gestatten würde, wenn er denn diese ganzen neuen Platten gleich durchgehört haben würde, ja, so sei es, so werde es gemacht und zwar direkt, nachdem er das alles einmal aufgeschrieben hätte, was hiermit getan ist, endlich Ruhe im eigenen Gully, hallo Kondenswasser, auch schon wach?

Die kommen die Platten

BLUMFELD: »A tergo dinero«
DIE TÜREN: »Maurices Hotel«
DENDEMANN: »Ich bin dann mal back«
ROLAND KAISER: »Mit Ei versucht. Mit Leiden geschafft.«
DIE GOLDENEN ZITRONEN: »34 Jahre Deutschland«
DEICHKIND: »Das letzte Bier braucht keine Flaschen«
TOCOTRONIC: »Dirks, Ricks, Jans und Arnes Tocotronic«
DIE FANTASTISCHEN VIER: »Vier schaffen das«
ROCKO SCHAMONI: »Todplus«
HELGE SCHNEIDER: »Schnurze Wumpe, Du Lauch!«
HUGO EGON BALDER: »Tag zusammen, Nacht allein?

Herbstdepressiver aufgepasst!

Schaffst du es dieses Jahr wieder rechtzeitig die Lebenssuppe trüb zu spucken?

Noch ist etwas Zeit, die melancholischen Speicher auf halbleer zu kriegen. Ist ja erst Anfang Oktober. Die Matscheblätter am Schuh lassen sich noch allzu leicht an einer kaffeewarmen Stufe bei Starbucks abstreifen. Und irgendwo lacht sogar immer ein Hund.

Aber bald, in der hängenden Mitte des Monats, kannst du richtig in die vollen Leeren gehen: Erst klaut uns die EU eine Stunde, es wird später hell und schneller dunkel. Dir wird beim Blick auf die Uhr klar, dass es Zeiten gibt, die du auf ihr noch nie, nie gesehen hast. Genug Grund für eine Depression. Vögel fallen vor Schwäche tot um, weil Trill wegen dem geplanten Riesenpuff bei Bremen zumachen musste und die asiatischen Vogelfutterchargen null Jod-S11 drin haben. Bitter. Es ist kahl draußen, der Nebel wird zum Lebensdunst. Die Arbeit ersetzt die Liebe.

Du hast keine Hände mehr frei, um nach den Sternen zu greifen, weil du sie in den Taschen haben musst. Schilder winken grau: »Im Opel Tristesse ans Wattenmeer! Nachsaison-Rabatt!« und »Actionurlaub: Mach dein Laub selber im Harz!« – danke, ja, denkst du, das mach ich eventuell. Wenn das Johanniskraut mal nicht eingegangen ist wegen frühem Frost. Dir fällt eh nicht mehr ein, was du mal Zukunft nanntest. Du denkst an absichtsloses Überleben.

Selbst der Herbst selber wankt: Es wird bald keine Kastanien mehr geben. Man munkelt, es soll bereits im November so weit sein. Alle Kastanien sind dann nur noch Tiere mit Streichholz. Sie können nicht mal mehr rollen. Also nur noch Downer, überall. Und Gerüste um die Seele. Dazu Wehwehchen, Schwäche, Ichangst. Selbst in dir triffst du keinen anderen.

Alles nur noch ein Häuflein, aber du hast es bald geschafft, es ist Dezember.

Und dann???

Dann geht's ab ins Grüne oder zum Tag der offenen Tür vom Zalando-Outlet! Das wird eine Gaudi! Yeah. Abends ist dann wie jeden Sonntag Obsession-Sex angesagt bei der Exotic-Fantasy-Party drüben im Gewerbegebiet, wo sich Sodom mit Gomorrha guts Nächtle sagen!!

Da stehste drauf. Hihi. Geil.

Das Meeting

Die Hanseplatte-Neuheitenkonferenz HPNK ist immer dann besonders spannend, wenn der CEO Jakob es schafft, bis zum Beginn etwas geheim zu halten. Das ist dieses Mal gelungen: Mit einer so engen Kooperation mit dem Giganten Apple hatte niemand gerechnet, denn man glaubt es kaum: Die neuen Features beim MacBook Pro und seinem Beifang scheinen wie gemacht für die Butze im Karoviertel.

Ungläubiges Staunen macht sich unter den Mitarbeiterinnen und Mitarbeitern breit, als die Dimension der neuen Apple Watch klar wird, enthält sie doch eine Funktion zum Berechnen von Trinkgeld. Das kommt bei allen gut an. Endlich schnallen die Kunden, dass sie nicht nur vom Stamme Nimm sein können, endlich!

Dann auch richtig geil: Die interessante neue App, mit der Frauen ihren Zyklus überwachen können, um sich beispielsweise auf die fruchtbaren Tage aufmerksam machen zu lassen. Chef Jakob verrät augenzwinkernd, dass er das gleich mit seinem Flirtdienst »Hanselove« koppeln möchte. Verlegenes, aber gewinnorientiertes Lachen im Raum.

Als dann auch noch hintenrum klar wird, dass iTunes sterben wird, kennt das jubelnde Konfettiwerfen keine Grenzen. Allen ist klar, dass das der Durchbruch für die Schallplatte sein wird und von denen hat die Hanseplatte noch zwei Terraflops im Keller.

Zufrieden beendet der CEO seine Präse mit den Worten »So viele Flaschen sind noch da? Wer soll die alle austrinken?«, aber keiner hört zu, weil sich alle gegenseitig längst eine Kopfmassage verpassen.

Die Headhunter vor der Tür springen erschreckt auf, als sich diese abrupt öffnet und der Strom der Mitarbeitenden auf den Flur tröpfelt.

Ein 8 Jahre alter Hanseplatte-Newsletter. Inzwischen hat die Industrie beinahe alle dort avisierten Zumutungen der Moderne umgesetzt. Steht hier exemplarisch für meine enormen seherischen Fähigkeiten.

Gereons internationaler DJ-Promotext

Hey, lange Zeit kein Sehen! Aber hier wir gehen wieder!

Der DJ Gereon sagt »Hallo«, wie er es niemals tat bevor: Hallo!

Was willst du wissen, empfindlicher Mensch?

Mach eine Vorstellung von: Gereon macht deine Nacht. Er hat mit jeder Party ein Huhn offen.

Sein Name ist der beste Name in Sachen Kater und Umdrehen im Versace-Aschenbecher!

Er macht keine Gefangen, du hast es. Alle wissen das überall, wo es draufsteht. Seine Nächte sind hohes Level Mover und tanzing die ganze Nacht! Es ist immer ungläubig für offenköpfige Schüttler und Eiersäcke, wie sie ausfreakern können, du weißt was ich meine. Party als wäre kein Morgen morgen!

Miete ihn! Kein Hängübern, kein dillydally! Du namst es. Kein Weg! Gereon ist ein so netter Enkel im Privaten, aber hinter den Decken er wird wie ein Sturm! Ein wildes Ding, der Gereon, wir könnten nicht sorgen weniger!

Höre zu einer Playlist bei Spotify.

Wenn du machen gefällt, kommentier, teile, und mache Party.

Seine eigene Platte ist vorbestellbar wie bei der Kuh die Milch. Das Gras immer ist grüner auf der anderen Seite, aber hier ist die Seite. Keine worries!

Hast du es?

Bitte teile Gereon. Er ist amazing wie phänomenaling zu leben wie ein Lord! Nun sind wir am Reden!

Du liebst es zu leben live? Dann geh kopfüber zu seinen DJ-Gigs! Verkauft aus bald, gehe schnell!

So, Folks, wir haben es.
Sei glücklich, sei deine Tasse Tee!

Leider zeitigte dieser Promotext keinerlei Engagements, schon gar nicht im Ausland. Bin eh zu alt für ganze Nächte hinter den Decks, lege nur noch auf sehr gut bezahlten oder sehr viel Ruhm versprechenden Schwitzhütten-Events auf. Mein DJ-Name Dr. »Dr.« Penis ist längst Geschichte, auch wenn Wikipedia anderes behauptet.

Taylor Swifts vergifteter Apfel

Was für ein Höllenstress für Taylor Swifts Personal Personality Consultant. Jüngst blinkte die iWatch unablässig, im Zehn-Minuten-Takt wurden irgendwelche Popbiz-Vögel beim Countrymädchen vorstellig. Wirklich alle kamen, um die neue Königin des Pop um Hilfe zu bitten. Erst Beyoncé und ihr Mann Jay-Z, Rihanna, Lady Gaga und Madonna, dann Kanye West, Daft Punk, Jack White und die Typen von Arcade Fire und Coldplay, die mit dem Solarfahrrad den Berg zum holzfarbenen (früher beige genannten) Swift-Anwesen hinaufsurrten.

Sie wandten sich an Taylor, weil sie fürchteten, dass Apples neues iMusic ihren Hi-Fi-Streaming-Dienst Tidal, den sie erst vor drei Monaten mit Multimillionenaufwand lanciert hatten, einfach so zerquetschen würde. Die aber ließ sie fast alle mit einem strahlend weißen »Na und?«-Lächeln abblitzen. Die Swift ist ja damals nicht gefragt worden, ob sie bei Tidal mitmachen wolle. Ganz eventuell würde sie sich jetzt erbarmen, wenn die Hupfdohlen alle in ihrem nächsten Video mit dem Knallertitel »F(or)ever« eine Nebenrolle übernähmen. *Smile, smile*, da ist die Tür. Das war vor ein paar Wochen.

Aber dann kam auch noch die Liga der alternativen Großkopferten: Thom Yorke, Peter Gabriel, David Byrne, Michael Stipe. Selbst Neil Young mit seinem Buick auf Bio-Diesel-Basis. Leute, von denen Taylor Swift gehört hat, dass sie neben Geld auch ein Gewissen haben. Genau wie sie!

Alle einte die Klage: »Wir müssen was tun, Sweetheart. Diese kalifornischen Apfelhändler, die wollen uns ab Juli für umme in die Welt streamen! Wir sind doch noch nicht alle Milliardäre! Wir haben laufende Kosten. Die Versicherungspolicen gegen Waldbrand in Villengebieten, die steigen doch wieder! Kannst du nicht was machen, Taylorchen?«

Und die Swift ist eine Frau der Tat, das hat sie von ihren Eltern, den Weihnachtsbaum-Farmern aus Pennsylvania. Wenn sie ein Rohr repariert, tropft es nie wieder. Was sie flickt, hält. Pfusch macht sie krank. Wo andere unten wurschteln, geht sie locker oben lang. Und was sie antwittert, wird automatisch zum Machtwort.

Aber erst mal ein Foto für Instagram mit jedem der UTS-Stars (UTS = swiftintern für »Under Taylor Swift«). Haben sie alle gemacht, sogar mit ihrem neuen Swift-Symbol: Statt mit beiden Händen ein Herz zu formen, hält man die Finger so, dass eine Tannenbaum-Silhouette entsteht. Das wird um die Welt gehen! Die ganzen Milliarden Fans, die Swifties, werden es machen, sich vielleicht sogar die Finger extra so operieren lassen. Taylor ist sich selbst sicher.

Sie ist eben nicht nur Multimegastar, sondern auch Feministin, *role model*, Stil-Ikone, Grammy-Gewinnerin, Katzenbesitzerin, Landei und Urban Lady in einem. Country und Pop, Cheerleader und Schwester, Heartbreaker und Hatebreaker. Pfefferminz, Himbeer, Teddybär. Bauch, Beine, Po.

Und nun auch noch die Mutter Teresa der Musikindustrie? Oder Mutter Courage? Donna Quichotte? Ghandilette? Egal, wie man sie nennen wird, eine neue soziale Facette steht ihr jedenfalls gut, sagt auch ihr Personal Personal Advisor, sonst holen wir Angelina Jolie nie ein.

Die Swift überlegt, wie sie es angeht. Warum machen die Feiglinge eigentlich nicht selbst was gegen Apple? Schon bei ihrer Kritik an Spotify war sie allein. Aber besser allein was erreichen als gemeinsam nichts. Genial einfacher Gedanke von ihr selbst, hihi. Gleich mal schützen lassen.

Fünf Minuten später ist der Tweet draußen. Einen Tag später lenkt Apple ein. Zwei Tage später skypt ihre Erzfeindin Katy Perry bei ihr an, ob sie nicht als Late Afternoon Cupcake Organizer für die Swiftschen Katzen anfangen kann.

Votzgeile Idee. Swift schmunzelt. So einen Kraftausdruck hätte sie sich selbst nicht zugetraut, aber geträumt hat sie davon neulich schon mal. Und Träume sind dazu da, wahr zu werden.

»Sie ist Feministin, Grammy-Gewinnerin, Landei und Urban Lady in einer Person. Und jetzt noch Mutter Teresa der Megapopstars. Wir lüften Taylor Swifts Geheimnis.« So das Entree in diese ZEIT-Glosse.

Guten Tag

Lust auf keine Lust? Wir könnten ja das »Layla«-Thema diskutieren?! Den »kontroversen« Schlager-Hit dieses Sommers von unten beleuchten! Inklusive Sexismusvorwürfen, Verbote auf Volksfesten, den ganzen unappetitlichen, mühsamen, notwendigen Schmodder, den das nun mal mit sich bringt. Und sind die Zipfelbuben mit »Olivia« nicht noch scheißiger? Rammstein mit »Dicke Titten«?? Sollen wir kotzen oder koten? Und warum wehrt sich der andere Layla, dieser Eric Clapton, eigentlich nicht?

Das sind so Fragen, die wir nicht hätten. Unsere Antworten dürften einen Teil der Bevölkerung beunruhigen.

Wer teilt sich den Reim auf Not?

»Ein Weihnachtsalbum für Flüchtlinge? Feiern die denn überhaupt Weihnachten?« Die Unsicherheit war groß im Bootcamp, zu dem die Schlagervizekönigin Andrea Berg in ihr Sonnenhofhotel in Kleinaspach geladen hatte.

Dabei waren alle, wirklich fast alle gekommen: der Roland Kaiser, die Stefanie Hertel, die Beatrice Egli, die Amigos, der Matze Reim, die ganze Mallorca-Fraktion um den Jürgen, den anderen Jürgen und Mickie-Fickie, aber sogar auch ein paar ältere Stars. Zum Beispiel Michael Holm oder Chris Roberts, es war nicht so leicht zu erkennen – der etwa siebzig- oder neunzigjährige Mann hatte seinen Ausweis vergessen. Insgesamt waren es fünfundvierzig Sängerinnen und Sänger und zweihundertdreiunddreißig Begleiter (unter anderem Visage-Assistenten, Hörgeräte-Hosts, persönliche Merkhilfen und Fitnesstrainer) plus Managements, also eine richtig große Masse Menschen, die helfen wollte.

Auch der Megasuperstar Helene Fischer sollte noch kommen. Sie sei ja selbst ein Flüchtlingskind, mit sechs Jahren aus Sibirien nach Deutschland, und mit der Materie vertraut, berichtete ihr angereister Prä-Manager. Der checkt vorab immer die Lage, kostet alles vor und guckt, ob die Fans so toll sind wie neulich woanders. Sie würde gern die erste Zeile, den Refrain und die letzte Strophe singen, das ginge ja wohl. Aber was war denn eigentlich der Plan der beteiligten GmbHs und consultenden Entertainment-Groups?

Eine geldsammelnde Benefiz-Aktion: Alle Schlager- und Volksmusikstars zusammen machen eine Platte für die Flüchtlinge und dann sogar eine herzerwärmende Tournee entlang der Flüchtlingstracks oder auch durch die Heime, so genau war das noch nicht klar. Man wolle auch aus dieser Szene heraus endlich ein Zeichen setzen! Und das eben nicht nur den üblichen Verdächtigen überlassen. Die Rocker und Rapper hatten die leichten Musikanten mal wieder nicht gefragt, der verdammte Standesdünkel trennt in der deutschen Musikszene immer noch die Spreu vom Heu.

Andrea Berg twitterte schon mal freudig ihren Standardsatz »Es wird eine komplett neue Welt für mich und meine Fans geben, die wir auf meiner Tour gemeinsam entdecken werden!«, wurde aber von den anderen Künstlervertretungen scharf zurückgepfiffen: Von »ihrer« Tournee könne ja wohl nicht die Rede sein, das sei ein solidarisches Gemeinschaftsprojekt, so ähnlich wie die Flucht bei den Flüchtlingen selbst, hallo?

Der Anton aus Tirol wurde pragmatisch: Für die gute Sache würde er sogar DJ Ötzi auferstehen lassen. Oder umgekehrt, der eine ist doch mit Mütze, der andere ohne, oder? »I woas oa net.« Und, ach komm, pfeif auf die ganzen verflochtenen Geschäftsbeziehungen, persönlichen Animositäten und komplizierten Vertragsbedingungen, wir wollen doch helfen. Wolle Petry würde sich sogar einen Reim mit Andy Borg teilen, obwohl der ihm damals beim Konzert in Krombach den milden Senf beim Catering, aber lassen wir das. Es ging doch um eine gute Sache! Und vielleicht springt noch ein Konzert am Brandenburger Tor raus, wie sieht es denn da aus? Was ist überhaupt mit Helene?

Einer der Jürgen schlug vor, die Entscheidungen den Executive-Top-Entscheidern zu überlassen und in die Bar zu gehen. Der Tresen sei vom Mann von Andrea selbst ergonomisch gestaltet, da könne man die Diskussion locker fortsetzen und mit offener Hose diskutieren.

Was gibt es nicht alles zu klären: Von wem sollten die Songs eigentlich kommen? Worüber singt man? Ist niveaumäßig der Reim Liebe / Triebe erlaubt oder muss man höher als die Ebene Träume / Schäume? Kriegt jeder gleich viel Zeilen? Sollte man eine syrische Translation-App mitliefern? Könnte man Förderung aus dem Hilfsfonds der Bundesregierung bekommen? Was machen wir mit dem ständig durchklingelnden Ralph Siegel, der von dem Projekt hörte und mitmachen will? Kann man bei den Live-Auftritten Feuerwerk einsetzen oder erschrecken sich dann die Flüchtlinge? Wieso ist das überhaupt eine Frage, das Konzert ist doch nicht *für* die Flüchtlinge, sondern *zugunsten* der Flüchtlinge! Warum ist das alles so schwierig? Und wieso ist der Rosé so warm hier im Sonnenhotel von Andrea Berg in Kleinaspach?

»Für mich gab es in Südafrika nur Weißwein«, sagte dann plötzlich Howie und die Stimmung wurde wieder normal gut. Aber auch nachdenklich ... Und kurze groschenfallende Zeit später – was hat der da gesagt, bitte? – musste er sich sogar entschuldigen. Das habe er doch gar nicht zynisch oder witzig gemeint! Aber sei ihm denn klar, was er da rausgehauen hätte, heilige Santa Maria? Roland Kaiser hat noch einen Funken Gespür für die Zwischentöne. Den meisten anderen war das alles eh zu kompliziert. Sie kapitulierten bereits vor der anstrengenden Gemengelage, was man nun sagen oder fühlen dürfe oder nicht. Gefühle im Schlager sind einfach, darum erreicht er ja auch alle. Vielleicht lieber in der Lounge gucken, ob die Helene endlich angekommen ist. Eine gute Idee, finden alle.

Nein, immer noch nicht da. Wie beschwerlich doch Helfen ist! Irgendwie inhuman. Bernd Clüver / Chris Roberts geht erst mal »im Cockpit nachschauen«, ob »noch alles frisch« ist. Die Mallorca-Fraktion freut sich über die verhohlene Sauerei und der Abend wurde noch richtig, richtig gut. Ob aus der Sache eine Benefiz-Platte oder ein Solidarkonzert wird, kann man zum jetzigen Zeitpunkt noch nicht sagen. Der Wille ist da, aber der Schlager eventuell noch nicht so weit.

Inzwischen war die Sonne in Kleinaspach glutrot wie ein eingelegter scharlachfarbener Pfirsich untergegangen. Und der Mond hatte sich das gleiche Bühnenoutfit zugelegt.

ZEIT-Glosse von 2015. Hat sich nicht geändert, wie wenig engagiert bis heute eine Helene Fischer ist. Und glaub mal ja nicht, dass sie ihre in der Corona-Krise einnahmelosen Musiker unterstützt hätte. Klar: Hinter den meisten Kulissen schimmelt es, aber in der Schlagerwelt schon in enormer skrupelloser Penetranz.

Werte Kulturellis

Ist es nur ein wohlmeinendes Gerücht, dass die Beschäftigung mit neuen Musikprodukten unmittelbar für das Leben tauglich macht? Oder ist sie eine Kompensation für zu wenig Leben? Und ist die Güte der Kunst dabei ein Faktor? Oder gilt, dass noch die dümmste Platte, das döfste Buch, der mediokreste Kalender Kultur ist, die an der Aura des Begriffs mitnaschen will, den man/frau durch diesen Anspruch negiert?

Hat Nietzsche nicht gesagt, dass wir die Kunst deswegen haben, damit wir nicht an der Wahrheit zugrunde gehen? Und Frau Nietzsche erkannte, wer da neben ihr liegt und beendete jedwede erotische Ekstase ad hoc und für immer?

Ja, so war es.

Jetzt wieder den Kulturbeutel umschnallen!

Die aktuellen Essens-Meldungen der Woche

München
Jeder darf jetzt in München überall hinmalen. Die Stadt hat rund um das Oktoberfest sämtliche Wiesen freigegeben für Menschen, deren Magen mehr als eine Essensfarbe enthalten und spendiert jedem die benötigten Zusatzliter für ein schönes erbrochenes Gemälde. In der Formgebung ist niemandem eine Grenze gesetzt.

Ostalbkreis
Unbekannte haben auf einer Wiese in Lorch ein Bergschaf geöffnet. Zurück blieben Innereien, Füße, Fell und leere Taschen des Tieres, wie die Polizei am Dienstag berichtete. Das braune Schaf ist schwer traumatisiert und mag nicht mehr. Es wird voraussichtlich dem Polizeikrematorium übergeben, wenn der Köhler wieder da ist.

Bonn
Eine höhere Steuer auf Fleisch ist laut den Beamten, die noch in der Stadt wohnen, durchaus vorgesehen. Wichtig ist ihnen aber, dass die Einführung wartet, bis sie und ihre Frauen gestorben sind. Sonst ist das Erbe für die Kinder in Berlin weg. Weniger zu essen und das Eigenvolumen zu verringern, kommt laut einer Umfrage für die wenigsten in Betracht. Grund: Kein richtiger.

Kassel

Das Foodkonzept der Kunstmesse documenta wird einem kompletten Relaunch unterworfen. Geplant ist, dass alle Kunstwerke von den anreisenden Brillos aufgegessen werden können und jedes angebotene Essen wiederum als unzerstörbares Werk, an dem man hart zu kauen hat, gilt. Die meisten angefragten Künstler sind damit einverstanden, die Süßkartoffelhändler hingegen haben noch Zweifel. Aber sind ja noch drei Jahre hin.

Liebe Auto-Motor-und-Sport-Newsletter-Abonnenten

Leider muss unser Kulturteil heute etwas knapper ausfallen. Ein großer Mann ist aus unserer Mitte gegangen, wenn nicht gar gefahren. Ich rede von Ferdinand Piëch. Der durchzugsstarke 5-Liter-Aggregat-Mann ist gestorben. Sein Leben kann man in knappen Worten gar nicht zusammenfassen, so viel hat er gemacht. Erst Porsche, dann Audi, dann VW. Eigene Aktien, eine japanische Schwert-Sammlung, drei goldene Lenkräder. Ein Ruf wie ein mächtiger Furz aus einem großen Patriarchat. Man kann ihn nur fett schreiben: **Ferdinand Piëch**.

Und nicht zu vergessen: Seine Liebe zu den jüngsten Verkehrsteilnehmern, den Kindern. Er besaß eine breit aufgestellte Flotte, zwölf an der Zahl, alle unterschiedlich in Muttermund, Dünkel und Unehelichkeit. Seine Liebe verteilte Ferdinand Piëch wie eine alte Gießkanne, deren Schütte an manchen Stellen verstopft ist: Manche Kids bekamen neue Namen, andere nur seinen.

Ja, so ist es. Zwei Söhne heißen bis heute wie er: Ferdinand Piëch. So können sie sich selbst im Internet niemals finden, bleiben inkognito und können nicht entführt werden. Fürsorge Marke Piëch, genauer: Ferdinand Piëch.

Bitte widmen Sie diesem Mann heute eine Erinnerung und wenn sie nur auf einem Parkplatz stattfindet, wo Sie sehen, dass eine Schwangere einen Behindertenparkplatz nimmt, obwohl es noch nicht dunkel ist.

Fragen zum Urin

Und welcher Gedanke rauscht oben durch Sie? Wollen Sie mit einer Fontäne der Empathie alles in die endgültige Übersäuerung urinieren? Oder entleeren Sie sich gerade eher mit dem Gemüt eines Fleischerhundes? Sie haben ja den Abschlageplatz nicht zufällig gewählt, nicht wahr? Sie wollen doch nie wieder diese Werbung für Alarmanlagen im Wohnhausbereich über den wasserlosen Pissrinnen sehen, oder? Ebenso wenig wie die neckischen, den Strahl bündelnden, an einer Schnur baumelnden Bälle in den kleinen Fußballtoren in den Becken dieser Welt, ja? Und nehmen stattdessen diese Gelegenheit hier wahr? Diese Freiheit, diese herrliche Freiheit? Entdecken dabei das Schild, das ebendieses Pinkeln verbietet? Und während dieses Vorgangs, der ja durchaus ein wenig dauern kann, fühlen Sie sich nun plötzlich doch viel unwohler, als Sie dachten? Weil Ihnen dann der Gedanke kommt, diese Wand könnte zurückschlagen? Also zurückspritzen? Es gibt doch diese Wände, die merken, wenn man gegen sie pinkelt und die dann den Wildpinkler stante pede selbst nass machen? Das ging doch mal vor einiger Zeit durch die Presse, nicht wahr? Ist das vielleicht auch hier jemandem passiert? Hier ist doch der Boden bereits etwas nass, oder? Diese Spuren, die unter den Blumenkübeln hervortreten, wovon sind die? Durch harmloses Gießen entstanden? Aber wer bitteschön sollte denn hier in der Treppenhaus-Diaspora gärtnerische Aufgaben übernehmen? Wie steht es denn generell um die facility-managementöse Pflege dieser Ecke? Einerseits scheint ja zumindest periodisch mal gegossen worden zu sein und Verbotsschilder zeugen auch von gewisser Fürsorge, nicht wahr? Dann ist also keine unschöne Überraschung zu erwarten? Nicht wie neulich, wo Ihnen auf einer Autobahnraste im Nassbereich etwas passiert ist? Wovon Sie niemandem erzählt haben? Nämlich dass Sie den Händetrockner, der Ihre in den Spalt gehaltenen nassen Hände mittels warmem Luftstrom trocknete, nun ... missverstanden haben? Und Ihnen das, was Ihnen nun hier in der Ecke wieder droht, passiert ist? Sie selbst und alle Kleidung an Ihnen feucht wurde, weil Ihre Notdurft den Weg retour nahm? Sollten Sie also einen Schritt zurücktreten und die Szenerie nicht besser mit Abstand und komplett neu betrachten? Und Sie sind sich noch nie derart sicher gewesen, dass Rückzug hier ein Fortschritt ist? Ist die Wand da wirklich eine feste Wand? Und sind diese Lamellen daneben wirklich Lamellen, durch die Luft strömt? Warum guckt der Mensch da hinten Sie so an? Weil Sie so weit zurückgetreten sind, dass der Restharn in einem traurigen Bogen auf die Schuhe geht? Was jetzt hier wohl »Phase« ist, fragen Sie sich? Interessieren Sie sich nur noch für die Realität im Umgang mit ihr, aber nicht mehr in ihrem Sein? Würden Sie am liebsten vom Berg des Zorns wieder hinuntersteigen, obwohl Sie ihn noch gar nicht erklommen haben? Kann man Ihre Gemüts- und Geisteslage so zusammenfassen? Und auf eine Antwort auf alle diese Fragen hoffen?

Denn fertig sind Sie ja, oder?

Statt Stille

»Und, was machst du heute noch so?«
»Ich geh nach Hause und trink noch ein Bier und leg mich dann hin.«
»Geile Idee! Das mach ich auch.«
»Ja, das ist super.«

Irgendwann mal um halb eins nachts gehört im Zug von Kiel nach Hamburg. Aus Begeisterung für das Nichts aufgeschrieben.

Die Elbphilharmonie

I

Die Hamburger leben in ihrer Stadt nicht nur um zu leben. Um ihre Kultur auf ein höheres Niveau zu bringen, müssen sie ihre Architektur umwandeln. Eine lichte Bauweise tut not: Wände aus Glas, Glas aus Luft, Luft aus Kultur. Deshalb haben die Hamburger die Elbphilharmonie gebaut. Ein Ort für Musik und Theater und Musiktheater. Das musste ein Neubau sein. Erstens fand man kein leeres, großes Haus, außerdem verbitten sich Bauten mit vergänglicher Stuckplastik, die der harten norddeutschen Witterung nicht standhalten, von selbst. Die Architekten haben deshalb jede Verkleidung für unberechtigt erklärt und Nacktheit geschaffen. Keine verwirrende, komplizierte Multiamalgamierung, keine ungenaue Hektik sollte das neue Werk trüben.

II

Also entstand eine Glasfassade aus insgesamt 1096 einzelnen Glaselementen, die jeweils aus zwei Scheiben bestehen und von denen zahlreiche unterschiedlich gewölbt und gebogen sind. Der Blick auf diese rund 2200 Scheiben ist sehr bequem. Das Licht spiegelt sich beeindruckend kristallin, aus jeder Richtung denkt man an etwas anderes, wenn man draufguckt. Besonders das Wetter spielt mit: Ist einem heiß, kühlt der Anblick sofort das Gemüt auf erträgliche Temperatur herunter. Friert man, labt man sich an dem kuschligen Gefühl, das entsteht, wenn Sonne auf Glas trifft und sich sagenhaft durch die Reflexion bis hin zur Lupenbrenne erhitzt. Das Umweglose begünstigt dabei den Sachstil, der für die zukünftige Architektur – sei es in dieser Stadt, sei es in Europa – sicher weisend im Weg sein wird.

III

Die benutzte Bauart wäre in Äquatorial- oder Polargegenden niemals möglich, sie ist einzigartig und typisch Hamburg. Erst wurde entkernt und danach passgenau neu aufgesetzt. 26 Geschosse, rund 110 Meter hoch, dazu eine 82 Meter lange, konvex gebogene Rolltreppe. 29 Aufzüge, 11 Treppenhäuser. Ein Stillstand in der Entwicklung ist nicht denkbar. Kein Hamburger hat geahnt, was da vor seinem Hausboot entsteht. Eine moderne, assoziative Struktur gibt der Kultur ihren Sinn. Die Erdoberfläche würde sich sehr verändern, wenn überall so gebaut würde. Es wäre so, als umkleidete sich die Erde mit einem Brillanten- und Funkelschmuck. Die Herrlichkeit, wäre man im All und schaue auf die Bauten, wäre gar nicht auszudenken. Und wir hätten dann auf der Erde überall Köstlicheres als die Gärten aus tausendundeiner Nacht. Wir hätten dann hier vor Ort ein Paradies, niemand bräuchte sehnsüchtig nach dem Paradies im Himmel auszuschauen.

IV

Kritik gab es umgehend von Menschen. Zu schwer, zu dahinten, zu wasserfest. Und dann diese Fragen: Kann man in die Elbphilharmonie Möbel stellen? An welche Wand denn? Wer mildert die ästhetischen Brüche? Stellfläche und Hängefläche ist knapp bis null vorhanden. Bilder aufzuhängen ist natürlich unmöglich, das ist sicher richtig. Diese gedankliche Revolution im Milieu ist beim besten Willen nicht zu vermeiden. Man sollte die Macht der Gewohnheit überwinden, ein Haus wie dieses nimmt den Kampf mit dem eingewurzelten Alten gern auf. Es muss sich von seiner Umgebung emanzipieren, die Unabhängigkeit vom Hafen wird sich in Zukunft umdrehen und alles wird selber Philharmonie sein wollen. Warten Sie ab!

V

Der äußere Geschmack ist geschickt innen versetzt: Dieselben Linien, dieselben Materialien mit Kontrastwirkung empfangen den Wohner, den Sucher, den Ein und den Be. Man muss sich immer wieder vergegenwärtigen: Menschen sind beweglich, die Architektur ist für Bewegungen nicht geschaffen. Sie ist deshalb auf das Stilisierte und das Ornament angewiesen. Früher war man abhängig von den verschiedenen Jahreszeiten und der in ihnen wohnenden Vergänglichkeit. Heute ist man unabhängig. Aber gleichwohl utopisch. Verzeihen Sie diese assoziative Kette, die Philharmonie inspiriert in höchstem Maß dazu! Das Echo der Utopie ist die reale Zukunft. So kann man es sagen, ohne zu abgehoben dem Fetisch Fortschritt einen Götzendienst zu leisten.

VI

Ist die Elbphilharmonie eingeweiht und zugänglich und das wird ja bald der Fall sein, wird umgehend eine neue Art von Häuslichkeit sich in der Stadt auftun. Das nervöse Reisen hört auf. Der Anker der frei schwirrenden Fantasien und Sehnsüchte thront ja in der eigenen Bucht. Man reist nur noch, um anderswo eine besondere Kunstart kennenzulernen und sie eventuell nach Hause mitzubringen — d. h. sie hier in ähnlicher Komposition herstellen zu lassen. Dieses aber macht immer wieder sesshaft und intim. Kann man mehr von einer

Architektur erwarten? Ja, muss die Antwort sein. Nämlich zusätzliche Eingebung. Und damit kommen wir zum Inhalt und Grund des Hauses.

VII

Zentral in ihm ist der Große Konzertsaal mit rund 2100 Sitzplätzen, dazu ein Kleiner Saal mit 550 Plätzen. Die Bühne liegt leicht versetzt in der Mitte des Saals, während sich die nach oben ansteigenden Ränge darum herum gruppieren.

Sicher wird dieses Großod moderner Bühnerei schon bald auf Weltausstellungen auftauchen. Andere haben die Niagarafälle, den Koloss von Rhodos oder London – wir haben den Saal. Er ist ganz auf Klassik angelegt, die man hier live hört, nicht wie im Radio. Jazz, Weltmusik oder milde Tonsetzereien aus den Macs finden hier ihr samtenes Kissen der Lust. Das Akustikkonzept der Säle stammt von einem japanischen Akustiker, der bereits in ganz Asien den Klang von Innenluft neu deklinierte.

VIII

Wobei man besonders poetisch werden kann, ist das eingebaute Musikinstrument. Diesem wohnen viele wertvolle assoziative Vorstellungen inne, es ist eine wahrhaft wahnsinnige Orgel. Sie hat 69 Register (4385 Pfeifen), verteilt auf fünf Manualwerke und Pedale. Vier Register werden als Fernwerk auf dem Reflektor untergebracht, darunter zwei durchschlagende Stentorklarinetten. Man möchte seit Geburt Organist sein, um das wertzuschätzen. Die Orgel wiegt ungelogen etwa 25 Tonnen, ihr maximaler Windverbrauch liegt bei ca. 180 qm pro

Minute. Kein Leuchtkäfer oder Glühwurm kommt annähernd an solche Daten.

IX

In 37 Metern Höhe befindet sich der öffentliche Raum, die sogenannte Plaza. Sie ist zugleich Insektenvertilger, Wahrzeichen und Platz für alle. Immer im Wandel von Gezeiten und Zeitläuften, alles auf der Plaza ist verschiebbar. Die Menschen sowieso, aber auch die verstellbaren und mäanderbaren Sachen, die natürlich nicht senkrecht sein müssen. Nehmen Sie Gegenstände jeglicher Art mit dorthin, es ist massig Platz und gewünscht. Es ist Fantasie beim Transport gefragt, den Rest erschafft der Ort durch sich selbst. Winkel, Rundes, Vollschlankes, Cluster, Körper, Installationen – der eigenen Variabilität steht nichts im Wege. So schafft man sich dort die herrlichsten Perspektiven und gibt der Hafencity eine neue architektonische Bedeutung.

X

Manche offene Frage mag an der Antwort »Ja, aber gerne ja!« zerschellen: Ist die Elphi zu monumental? Zu intensiv gebaut? Zu babylonisch konzipiert? Kein Mensch in Übersee reagiert auf diese seltsam hybriden Zweifel. Dieses Gebäude fürchtet sich nicht selbst wie viele Bauten von Regierungen, es winkt mit der Matrix einer Entwicklung einer Kultur. Es ist ein Start, wir stehen damit doch nicht am Ende einer Kulturperiode – sondern am Anfang einer solchen. Mut ist gefragt, Chuzpe, Technik und Chemie. Auch im Kleinen: Ob dachwärts noch Bäume hingepflanzt werden oder auf den Toiletten frische

Blumen den Nassbereich in Oasen der Feelings verwandeln, ist noch nicht ganz sicher, aber im besten Sinne denkbar. Dieses Gebäude wird ja auch wachsen: Es wird in den Fluss wachsen, in die Herzen der Flussbewohner und für die nachhaltige Elbfischerei eine willkommene Ablenkung beim Warten auf den großen, den einen Fang.

XI
Noch ein paar Worte zum Schluss: Am Alten hängen – das ist ja wohl manchmal eine ganz sinnige Sache. Wenigstens wird das Alte dadurch erhalten. In Hamburg vertrauen auch viele auf diese Kraft: Niemand will hier etwa die Pyramiden im alten Ägypten abschaffen. Oder Berlin mit seinen Techno-Liebestempeln neben dem Kopfsteinpflaster. Aber man soll auch dem Neuen eine Chance geben, denn das Neue ist ja nie umsonst, nie kostenlos. Irgendwann hat dafür jemand bezahlt und hat den Kassenbon beim Finanzamt eingereicht. Wenn wir das Neue nicht gebührend schätzen, wäre diese ganze Arbeit von vielen Machern umsonst. Daran sollten wir immer denken.

Erschienen in einem Bookazine namens gentle rain *zur Eröffnung der großen Butze am Hafen. Im Stil an den Erfinder des Glasbausteins Paul Scheerbart angelehnte Architekturkritik. 11 Elphi-Bulletpoints. Lesezeit 6,3 Minuten; Nachdenkzeit 12,6 Minuten.*

Hallo Bücherfreaks

Ihr wisst es: Eine Seite, die nicht angefasst wird, ist keine richtige Seite. Sie ist dann nur ein Stück Papier. Denkt daran, dass jede Seite, die ihr umschlagt, es wert ist, so behandelt zu werden. Blättern ist Leben, Nichtblättern ist Tod.

Überzeugt doch auch andere von dieser Sichtweise auf das ewige Sozialmedium Buch! Schenkt euren Likern und Folgern eins oder zwei und ihr werdet sehen, dass auch sie plötzlich blättern und blättern werden.

Stempelkuss

Ich bin zur falschen Zeit geboren. Ganz eindeutig! Wäre ich früher, vor hundert oder zehn oder fünfhundert Jahren zur Welt gekommen, hätte ich jetzt nicht diese Probleme. Diese verdammten Schwierigkeiten, mich zu konzentrieren. Ich komm einfach zu nix! Jeden Tag nehm ich mir vor, ganz viel zu schaffen, und abends stelle ich fest: Nix hingekriegt. Okay, nicht nix, aber eindeutig zu wenig. Viel zu wenig. Manchmal schaffe ich nur drei oder vier von den Sachen am Tag, wo ich mir doch morgens noch fünfzehn bis achtzehn vorgenommen hatte! Es ist echt furchtbar.

Dabei gehe ich morgendlich frisch an meine Aufgabe ran: Die Kleidung runter, waschen und dann los mit dem Eingecreme. Das klappt manchmal auch störungsfrei ein paar Minuten ganz gut. Bis der oder die erste kommt und mich ablenkt. Buchstaben, Worte, Themen, Bilder. Was die Leute sich nicht alles ausdenken, kann man sich nicht ausdenken. Früher gingen einem die meisten (und von denen gab es noch nicht so viele) mit ihren Beziehungskisten auf die Nerven. Verflossene Lieben, begehrte Leiber, Pimmeldinger, Tittensachen und auch immer wieder das ganz große Fass: Mama, Mama, Mama. Bescheuert, aber okay. Das kriegt man ja noch verknust, das kann man verarbeiten.

Aber heute, ich sag dir! Heutzutage kommen die Peoples mit Dingern, da brauchste erstmal ne Stunde, um das zu raffen. Echt! Was die einem alles zeigen wollen: So verschlungenen Unfug mit Anspruch, ich kotze. Anker sind von gestern. Dann die komplett Vollgepikerten mit ihren blöden Zeichnungen unter ihren blöden Zeichnungen neben ihren blöden Zeichnungen. Oder die Scheinästhetischen mit ihren kryptischen

Schriftzügen in Sütterlin unter den Achseln, au Mann. Die ganzen verdammten erratischen Bezüge. Das ganze Gehähe und Gespähe. Das farbige Naive, das alternative Dumme. Ich kann einfach nicht mehr.

Scheiß Tätowierte! Hast du Horror vacui, gravier die Pelle. Warum ist die ganze Welt so verzweifelt und tätowiert sich? Warum machen das jetzt alle? Ich schnall's nicht. Ich hab doch den Schaden: Ich muss den ganzen Mist mir ansehen und brauche für jede Einbalsamierung eine Stunde länger! So sieht es doch aus! Jeder tätowierte Tote kostet mich mehr Zeit als ein reinhäutiger Blanker. Ich muss bei den ganzen Dekorierten immer hingucken und – schwups – bin ich ganz woanders mit meinen Gedanken und bringe es nur noch auf vier Leichen am Tag.

Das ist zu wenig, sagt mein Chef. Fünfzehn musste schaffen, das ist deine Quote, sagt er. Aber der ist ja auch tattooblind. Ich nicht. Ich denke stets: Diese bizarr gedachte Idee, dass man vollgemalt gefährlicher aussieht, als man ist. Es ist richtig grotesk. Aber auch lustig. Neulich dieser eine, der sich Dantes Inferno, was von GTA und Lil Peep draufgemacht hatte, der war ja crazy ...

Auszug aus meinem autobiografischen Roman Gestatten, Bestatter Klug.

The three Pauls

England im Sommer 2013. Ganz London ächzt unter London – die Menschen sind draußen. Alle? Ja, alle! Sting, der ehemalige Sänger von The Police mit siebzehn Wohnsitzen auf der ganzen Welt hält viel von englischer Tradition, deswegen haben seine Grillfeste in London immer ein crazy Motto. Dieses Jahr sind es Briefkästen, aber nur die englischen. Trotzdem ist die gesamte internationale Rock-Pop-Prominenz da und steht als Briefkästen verkleidet im Garten im Stadtteil Westend rum und tut dem anderen Geschlecht oder dem eigenen Ego schön. Nur Bob Geldof kann nicht kommen, weil er nur kommt, wenn er selber einlädt.

Der ehemalige Police-Drummer muss den Grill bedienen. Er kriegt es mit dem Feuer nicht hin. Aus Rache oder weil er alt ist. In einer dichten Wolke aus Qualm stecken drei Briefkästen ihre Köpfe zusammen.

»Das ist doch eine wahnsinnig gute Idee!«, hört man. »The three Pauls auf Welttournee!« »Ja, top, wer macht die Plakate?« Findig hat Paul Simon seine Briefkastenklappe mit zwei verkohlten Würstchen offen gesteckt, so dass er mehr sieht. Seine *bridge over troubled water*. Die beiden anderen Pauls hört man nur, sie stecken in den Briefkästen. Cooler!

»Aber bloß nichts an Sting weitergeben! Wenn der Namen mit P hört denkt er sofort an seine Police und dann haben wir den Schlamassel.« Ein Paul zischelt unter seinem Kasten wie eine Klapperschlange aus einem Fuchsbau.

»Wer zahlt eigentlich die Plakate, das ist wichtig zu wissen. Beim letzten Mal musste ich blechen und da hab ich keine Lust mehr drauf!«, mumpft McCartney, mit der Hand an seinen *scrambled eggs*. »Der Kleinste zahlt, normal!« »Das war mit Garfunkel schon so ne unfaire Sache damals.« »*Shut up. Sting is coming* ...!«

Und der hört alles, auch Briefkästen im Qualm. Neun Stunden am Tag Training und Ohr-Yoga. »Plakate, Plakate, ich hör immer was von Plakaten?!« Er haut voll auf Paul Simons Kasten mit der Grillzange und tritt einfach mal so in die Runde, also in den Rauch. McCartney heult unterdrückt auf. Wie ein Büffel, nur höher und leiser, also doch wie ein Kalb. Ein Lennon hätte sich totgelacht. Die anderen Lennons sind seine Söhne.

Paul Weller mischt sich ein: »Vorsicht, du Mod. Sonst wellerts!« Sting war Lehrer früher. Mit Halbstarken umgehen ist kein Problem für ihn. Er nimmt seine Grillzange und schmeißt ein Stück Glut in zwei Paul-Schlitze, um Ruhe zu haben. In der Wolke geht nun alles durcheinander. Schreie, Gezappel, Schreie, Gestöhne, Schreie – im Nebel und unter den Kostümen. Ein Kasten kippt sogar in den Koikarpfenteich. Niemand sieht irgendwas richtig.

Nur Sting behält den Überblick und zerrt den McCartney-Briefkasten in die Ecke beim Hundezwinger. Die beiden Doggen Roxanne und Everybreath knurren. Sie denken: »Komisch, das riecht wie Herrchen, aber was ist das nur für ein neuer roter Kopf?« »Was hab ich gehört? Ihr wollt ne Tour machen? Und plant das auf meinem Sommerfest und ich werde nicht gefragt??« Die schwach hingewimmerte Antwort des 25-Prozent-Beatles: »Du fängst halt nicht mit P an und außerdem bringst du wieder Lemmy ins Spiel und der ...« »Der war mein Basslehrer, Opa, außerdem ist er ein Guter, du bist ja noch yesterdayer als ich dachte.«

Eine als sexy Postbotin verkleidete Servicekraft schmeißt in jeden Briefkasten eine Flachpastete mit Krebsfleisch. Wenn einer moniert, die sei ja wohl unterfrankiert, haha, bekommt er Cocktailsoße hinterhergekippt und ist still. Der Caterer gilt zurecht als *the toughest* im Londoner Business.

Sting weiß, er muss handeln. Wie man mit Rockfossilien umgeht, damit die abhauen, hat er schon in der Jazzszene gelernt. Er lässt McCartney und Weller ausrufen. Mark Ronson stehe am Pool und der wolle seine neue Weihnachtsplatte, auf der Kinder von Heteros Songs von Schwulen mit Vintage-Equipment covern oder irgendeine andere *highest interest* Allstar-Platte mit den beiden durchsprechen, bitte mal kommen. Nochmal einen Hit mit modernen Oldschool-Beats landen? Geil. Das ist noch besser als die Paul-Idee. Weller und McCartney flitzen ab.

Der immer noch schwer hustende Paul Simon bäumt sich ein letztes Mal auf: »Mit Lemmy? Niemals! Das ist doch ein Hitlerverehrer und Frauen-wie-Minderheiten-Behandler. Ich war mal in der Eisdiele mit Art, und da kam Lemmy rein und furzte in meinen Bananensplit, das ist der Teufel!« Sting wird nachdenklich. Ganz sanft eindringlich und ohne Zange flüstert er dem maladen New Yorker zu: »Okay. Vergiss diese Paulkacke. Lass dich nicht verarschen. Du und ich, das ist es. Wir bleiben zusammen.« »Was, nur wir? Wer zahlt die Plakate?« Wenn man klein ist und dreiundsiebzig, dann hat man nur beim Arzt keine Einwände.

Sting denkt laut nach: »Mein Name zuerst. Als Motto was Geheimnisvolles.« Roxanne und Everybreath schubsen Paul Simon in die Rabatten. Auf der Spotify-Playlist läuft David

Guetta featuring Lemmy mit dem Song »Turn your microphone high or die«. Paul Simon hat Hunger und schwitzt ohne Grund. Die Pasteten-Frauen sind gerade am Hintereingang vom Garten. Sie rauchen die neuen Zigaretten, nach denen man nicht aus dem Hals riecht.

Die Tour von Paul Simon und Sting heißt »On Stage Together«. Drei Termine in Deutschland. Stings Name steht an zweiter Stelle. Wahrscheinlich aus grafischen Gründen.

Sollte meine erste ZEIT-Kolumne werden, wurde aber von der Redaktion mit den Worten »Paul Simon und Sting? Die kennt doch keiner. Schreib lieber was über Blur!« abgelehnt. Von Jensen Rachut stammte die Briefkasten-Idee.

Hallo!

Es ist immer für jeden etwas dabei. Stimmt doch, oder?

Der Fleischer verkauft dir Reisen, der Kiosk Osteräpfel und Edeka verkauft euch Land. Es ist für jeden etwas dabei!

Die Dünnen werden dünner, die Dummen dümmer und alle werden größer. Von fünf bis fünfundsiebzig sorgen sich alle um ihre Figur. In den Wochen verfeinert man das Kochen und an allen sieben Tagen kann man jetzt versagen.

Zum Nachahmen braucht man Menschen und von denen gibt's zu viel. Ich sagte doch, es ist für jeden was dabei!

Der Bankfatzke macht Kinderbücher, der Trainer auch in Fonds. Die Schamhaare werden rasiert, bis man sich nicht mehr schämt. Es ist einfach für jeden, aber echt *jeden* was dabei!

Newsletter I

Sehr gerter Kund. Wir haben ihre Mailse erhalten. Wie ich daraus ersehe, interssieren Sie sich für meine Platten und Sachen und sind auch Sammler für Kunstwerke.

Wir haben hüpsche Schallplatten mit Hüll rum, die ist gleich mit dabei und kost auch nich mehr wie die Platte allein. Alle Musik ist drauf, wie von Gott oder naturgetreu.

Wie ich an Ihere Adresse ersehe, sind sie in Deustchalnd. Da bin ich auch oft, da ich beruflich beschäftigt bin. Ich kann Sie auch mit Gummiwaren beliefern. Die kommen nicht teuer. Auch Buchstützen liefere ich promt und billig. Auch Seife für den herrn und Mieder für die Dame. Denken Sie an Mitgift. Und das Fest.

Sollten Sie einen anderen Lieferanten haben, der billiger ist liefert wie ich, so machen ich ihnen eine Sonderangebot: 1 Stück Musik, ein Päckchen Erdnüsse und eine Bürste in rauh für nur 4,95 zusätzlich. Haben Sie Interesse an natürlich Haarverlänegrung von 1cm pro Monat? Ja.

Was Sie mir außer der Reihe geben, kleb ich als Marke auf das Pakerl. Antworten Sie bevor ich frage.

Ihr Hans/Handel

Newsletter II

Sehr geerte/in Kund/in. Wie Sie in meiner letzte Mailse erfuhren, bin ich auf Vorrat und Lieferbarkeit angelegt. Alles ist möglich. 100%. Am Lager sind die Artikel geröstet und gesalzen (Pashew-Kerne), das Bild »Die kammerzofe leicht beschwingt«, »Die kammerzofe leicht beschwingt nur im Bolero bekleidet am fenster« (70mal 30), mit Wechselram.

Eins dabei mit kleinen Fehlern, nur 45 Euro. Das Motif wird gern verlangt, daher ist es vergriffen. Aber wenn es gefällt, kann ich es Ihnen trotzdem liefern, da ein »kunde« mit der 4. rate in Verzug ist. Pech des einen ist das glück von anderen, also Sie! beinahe alles ist an Lager: Schallplatten und Cds, wie gesagt, viele sind in Arbeit. Auch für den Weiterverkauf bestimmt. Zögern Sie nicht. Da ich promt liefer, steigt auch mein umsatz.

Gegenüber anderen Händlern wie Michaela habe ich den Forteil, dass Sie zurücktauschen können, wenn Sie das produkt ausgebraucht haben. Leihegebühr berechne ich nicht. Bei Schäden haftet der Käufer. Also nehmen Sie von der Angeboten dieser Woche reichlich, befor Sie nichts mehr bekommen.

Ich grüße gut.

Hans/H

Newsletter III

Hallo. Seit Tagen warten wir auf die Beställung. Miederware, Kostüme und Ringe, Uhren für die Frau auch für Herren. Sagen Sie mir, was Sie mechten Sie wünschen, ich komme als Paket unverbindlich ins Haus. Änderungen mache ich billig oder umtausch. Auch U-Hosen passe ich persönlich an, da Diskretion zu mein Beruf gehört.

Sie wissen sicher nicht, dass auch Zimmervermittlung zu mein Beruf gehört?. Auch billig für einen tag oder Stunde. Mein service umfast auch Radio- und Routerverleih udn Gebrauchtverkauf. Wollen Sie ein moderne Sache, ich besorge es Ihnen. Auch Kredit. Sie bezahlen keinen Cent für das Geld, damit Sie machen Gschäöaftsabschluß und mehr. gewinn garantiert. Dazu als Serviss wieder: ein Fidget-Spinner, ein Anhänger (MArkenware) oder zwei Schlüssel.

In nächster Zeit hab ich soweiso Zeit in Ihrer gegend und in der Nähe, ich mache Ihnen ein Vorschlag: Sie bekommen von mir kostenlos gelifert ein Schallplatte für die Stub, dazu ein Buch und Kalender und Sie nehmen mir dafür nur ab: Ein Kugelschreiber und eine Schallplatte (andere) für nur 60 Euro! Ist das nicht ein Sonderangebot für Kunde?

Bitte schreiben Sie.

H/H

Newsletter IV

Sie haben bestellt. Wie liefern umgehendst. Möchten Sie eine kostenlose Führung durch unser geschäft am Neuer Kamp 32 in hamburg? Auch Lager udn Büro möglich. Toiletten gegen Nutzungsgebühr möglich. Sie können Jacke anbehalten. Kinder und Tiere draußen lassen wegen gefahr. Zahlreicher Direktverkauf: Ware, Sachen, Säfte.

Wenn Sie besondr Wunsch haben, wir erfüllen für jede Sammlung, die Sie zuhaus haben. Auch teppich kann ich besorgen. Die tombola öffnet täglich bis 19 Uhr. Für verschenerungen im heim schau ich unverbindenst hinein und günstiger verkauf für Ihnen. Mehrkauf möglich! transparente Barzahlung. Sie kümmern sich um den Weggang, wir um den Serviss. Alles trage ich huckepack. Wie dieser ein QuasiMann aus Kirche in Öl.

Danke, Heino Jaeger!

Der Odem des Seins

Die Langeweile flammt dich dem Abend entgegen. Wenig passiert, sehr wenig. Weder im Kopf noch in der Tasse. Selbst beim HSV, also da, wo es so brennt wie nirgends, sediert man sich zu Tode. Und abends heißt es dann: Ungeil, der Tag ist schon wieder Vergangenheit. Passiert hier in Deutschland sehr oft. Merken auch viele und kaufen *Die Kunst des guten Lebens*, *Fragen an das Leben* und *Leben denken – Denken leben* in die Bestsellerlisten.

Dabei ist das sackfalsch gedacht. Nicht die Kröte mit dem Frosch erschlagen! Sondern neue Spuren in den Schnee ziehen. Das Leben perspektivisch durchdrainagieren. Metaphern von woanders nehmen. Entweder aus dem Huhn- oder dem Schrotkugelgewehrbereich. Zum Beispiel beim Nichtweiterwissen sich sagen:»Drei Körner für die Vergangenheit, sechs für die Gegenwart«. Leise sagen, dann hören alle hin, selbst man selbst.

Na? Da geht doch die Luzie los, oder? Denkt man das Gestern angemessen mit oder klumpt man zu viel damit rum? Ist das Heute doppelt so wichtig wie das Vergangene? Wird man die Zukunft in der Zukunft los? Lebt man als Mensch oder vermenscht man das Leben?

Ich möchte euch Tellergerichte mit diesem Gedankengewürz allein lassen. Entweder ihr greift zum Streuer oder ihr lasst es.

Die 10 Vorteile von Kids

Sagen auch ohne Alk die Wahrheit.
Lachen auch über nicht so gute Gags, wenn man einen Furz einbaut.
Lernen spielend: Mit jedem neuen iPhone eine neue Zahl.
Interessieren sich dünkelfrei stark für Sachen, die schlechten Leumund haben (Pippi, Kacki, Popel, Flatscreens).
Nehmen der Nacktheit ihre Brisanz.
Essen einfache Sachen.
Sind klar strukturierte Denker im Gut-Böse-Schema.
Nehmen keinen Arbeitsplatz weg im militärisch-industriellen Komplex oder der Autoindustrie.
Sprechen ausländisch genauso gut oder schlecht wie Ausländer inländisch.
Mögen Geschenke als Ablasshandel.

Anruf bei Gott

Natürlich geht's Ihnen mittelscheiße oder komplett schlecht, das ist ja mindestens klar. Wichtig ist, den *Grund* zu kennen. Die Kausalkette so lange entperlen, bis man ans Ende und an die Ursache kommt! You Understanding?

Da wir hier zum Gebiet von Gott gehören, jedenfalls meistens, ist also ER derjenige, dessen Hotline man anrufen muss. Geht nur leider grad keiner ran, Mittwochnachmittag haben solche Kaliber zu.

Alle diese Herren über Haare, Nieren und Glück haben erst wieder morgen geöffnet, zumindest laut Blechschild draußen an der Tür. Okay, nützt ja nix.

Also Selbstdiagnose, Dr. Google, Hineinhorchen in sich selbst.

Kommt was? Oder nichts bis wenig? Gar Fehlanzeige? Sind nur die *basics* klar, also dass es unten wehtut und dorten der Alb drückt und alles ungenau und verwackelt ist wie Gorillas im Nebel.

Verstehen wir. Ach, hätte doch Ihr Anruf bei Gott geklappt! Warum ist der bloß zuständig, warum? Aber er ist es. Der Trinker ist ebenso für seinen Bierrülpser verantwortlich wie die Kuh für ihren Schiss – will sagen: Jeder muss vor seiner Haustüre kehren und Sie sind nun mal die Schwelle vom Schlafzimmer ins Bad vom hauptverantwortlichen Gott, also da, wo es nach Käse maukt.

Versuchen Sie ihn zu erreichen! Egal wie! Und wenn Sie die Einbahnstraße in den Himmel, also in Gottes Callcenter fahren müssen.

Leben ist nun mal Arbeit.

Er

Er wacht auf. Wieder eine Nacht überstanden. Jetzt gilt es, den Tag zu überstehen. So geht es schon seit seiner Kindheit, jahrein, jahraus. Immer das Gleiche. Mal quält er sich aus einem Bett raus, mal schläft er im Stehen ein und muss sich erst setzen, um aufzustehen.

Jetzt ist wichtig, das Bad zu finden oder zumindest einen Wasserhahn mit Spiegel drüber. Schon der erste Blick genügt. Wieder formen sich alle Fragezeichen der Welt zu einem erbarmungslosen WER über seinem Kopf: Wer ist das, wer bin ich, wer will das wissen?

Freund Alibert antwortet nicht. Außer dem fast lautlosen Hinabfallen einer Schuppe aus den Haaren ist nichts zu hören. Die insgesamt vier Augen blicken sich an. Seine Lippen formieren sich, um den Satz zu sagen, den er morgens immer sagt:

»Kenn ich nicht, wasch ich nicht.«

Die 10 klaren Vorteile von Konzerten

Endlich begrüßt dich mal jemand mit deinem Stadtnamen.
Und wie praktisch: Die Musik spielt da, wo die Augen hingucken.
Handyuser sind auch wohlgelittener als in der Kirche, beim Zahnarzt oder im Tauchkurs.
Puh: Die Band verbraucht die teure Energie, nicht du.
Ausnahmsweise macht ein Vergleich glücklich (jedenfalls der zur »Woodstock II«-Doku auf Netflix).
Calvin Harris, David Guetta und Katja Krasavice sind nicht im Raum.
Die Security ist nicht so anstrengend divers wie bei einem modernen Film.
Der Drummer ist eventuell dümmer als du.
Es gibt keinen Teppich, keine Tiere, keine Spuren von Erdnüssen (gut für Allergiker).
Konzerte haben zwar einen Anfang, aber auf jeden Fall auch ein Ende.

»Black Friday«: Was wir bisher wissen

Wann ist der Black Friday?
Ja, bald. Irgendwann demnächst. Noch ist nicht raus, wann genau. Watch out! Achtet auf die Handzettelverteiler in der Fuzo und geht ans Telefon, wenn einer aus der Telefonkette anruft. Es kann jederzeit passieren, dass du informiert wirst! Dann heißt es schnell sein und den Kuli zücken und das genaue Datum aufschreiben, ohne dass es jemand von TikTok sieht. Und dann ist rumsdibumms das Date in der Welt. Lass das nicht zu! Bereite dich also gut vor: In den nächsten Tagen immer allein bleiben, Hände jederzeit frei lassen, die Glotzbebbel auf Viertel vor drei.

Was ist der Black Friday?
In seinem Ursprungsland ist der Black Friday seit Jahrzehnten eine feste Institution und bringt jedes Jahr Dutzende Amerikaner dazu, tumultartig sich in richtige Amerikaner zu verwandeln. Traditionell findet der Black Friday immer am Freitag nach dem amerikanischen Erntedankfest Thanksgiving statt, könnte also von Truthähnen erfunden worden sein, damit sie Ruhe haben. Aber Obacht vor solchen Gerüchten! Vielleicht ist das doch alles von irgendwelchen Menschen oder anderen Tieren gemacht, nichts Genaues weiß man nicht. Jedenfalls überbieten sich die Händler Jahr für Jahr mit tollen Rabatten und Actions und locken die kaufwilligen Kunden immer früher in ihre Läden, teilweise sogar schon um Mitternacht, also eigentlich gestern! Es ist wirklich verrückt. Dann, wenn jeder Normalo eigentlich schläft! Aber was ist an dem Tag schon normal? Nichts. Eben. Höchstens Krieg, darüber sollte man auch mal reden, aber nicht jetzt. Seit 2006 wird der

Black Friday auch in Deutschland gefeiert und zwar direkt am Black Friday.

Wann werden die Deals veröffentlicht?
Die meisten Deals werden bereits am Cyber Monday, also direkt nach dem Black Weekend, das die Black Week beendet, veröffentlicht. Pünktlich um 0 Uhr, also kurz nach knapp. Wer in der Ersten Welt wohnt, ist nun klar im Vorteil, denn hier gehen die Uhren noch genau und unterliegen nicht der Zensur oder irgendwelchen willkürlichen Entscheidungen von versifften Neofaschisten, die einem das Leben schwer machen oder rumgendern. Auch am Black Friday selbst kommen immer wieder kurzfristig neue Deals rein, denn der Black Friday ist erst vorbei, wenn selbst die Regale und Rolltreppen verkauft sind. Die Kassen selbst sind das einzige, was nicht verkauft wird. Hol dir einfach die Presale-App. Mehr zu der Presale-App in der Pre-Presale-App.

Wie hoch sind die Rabatte?
Wie viel Rabatt es am Black Friday gibt, kann nicht pauschal beantwortet werden. Alle Deals und Rabatte werden von den einzelnen Händlern selbst festgelegt. Sind ja alles Individuen! Manche Shops bieten zum Beispiel 10 oder 20 Prozent auf die gesamte Tiernahrung, andere bieten zusätzliche Prozente auf Kitkat, Whiskas und Trill. Manchmal kommt es zu den irren Fällen, dass ein Artikel vorher teurer war als am Friday! Oder bereits reduzierte Ware nochmal reduziert wurde für Kunden, die PayPal haben oder bei dem Bonusprogramm mitmachten, das letzte Woche lief. Teilweise sind deshalb auch sehr hohe

Rabatte möglich, zum Beispiel, wenn man nur ein Teil von dem Fernseher will, etwa die Antenne. Werbeversprechen von minus 90 Prozent, wie sie derzeit oft im Internet kursieren, können wir so jedoch nicht bestätigen, da sollte jeder mal sein Gehirn einschalten, das kann ja gar nicht gehen, Dummy. Generell gilt: Immer mit Vorsicht einkaufen. Füße abputzen vor der Glastür. Einkaufswagen, in denen unten noch ein angematschter Prospekt aus der KW 47 liegt, meiden: Das ist unseriös!

Wie lange sind die Deals erhältlich?
Fick dich, du dummer Sackhüpfer. Wie lange die Black Friday Angebote gültig sind ist von Shop zu Shop unterschiedlich, das ist ja wohl klar. Bei dem einen ist was ausverkauft und hinten wird was nachgeschoben oder nicht und bei dem anderen kam es gar nicht an, aber das stand nicht auf dem Lieferschein von der Palette, kack die Wand an, was ein Stress, komm mal runter, ist ja nicht so, dass nur du hier was willst, hallo? Viele Händler bieten ihre Deals nur am Black Friday zwischen 0:00 und 24:00 Uhr an, das sind satte vierundzwanzig Stunden, wo die Leitungen glühen und Geld das einzige Gefühl ist, das du hast (neben Völlerei, Missgunst, Frust). Andere wiederum weiten ihre Aktionen auf das ganze Wochenende aus oder veranstalten eine ganze Black-Friday-Woche, einen coolen Black Friday Month oder das Black Friday Year (übersetzt: Jahr). Musste gucken, ob dein Lieblingshändler dabei ist. Tipp: Internet, Flurfunk, Eigendenke.

Sind die Angebote schnell ausverkauft?
Ja, was soll die Question?? Je besser die Angebote sind, desto schneller sind sie für gewöhnlich ausverkauft. Logisch. Je kürzer die Schwangerschaft, desto älter später das Kind.

Was esse ich vor dem Black Friday?
Jedes Gramm Essen lähmt Gehirn und Beine. Beides brauchst du am Black Friday. Also?

Macht die Hanseplatte da mit?
Ja, und nicht nur das: Sie ist federführend beim Black Friday in Hamburg. Alle anderen Plattenläden haben an diesem Tag geschlossen und schicken ihre besten Mitarbeiter:innen zu uns in die Kartonage. Das ist Solidarität auf einem Level, da können andere Branchen nur von träumen! Aber so hat jeder was davon und die Ellenbogengesellschaft hat sich selbst mal kurz den Arm ausgekugelt. Wir wissen ja alle, dass Neid zu nichts führt, nicht wahr? Alle Gewinne vereinnahmt die Hanseplatte und investiert sie in einen noch besseren Black Friday für alle im nächsten Jahr. Nachhaltigkeit ist das Stichwort. Inzwischen sind sogar die Amerikaner auf dieses Prinzip bei uns aufmerksam geworden und schicken extra einige Prozessbeobachter zu uns ins Geschäft, die direkt in den Schaufenstern sitzen und sich Notizen machen. Um sich mal ein wenig aus dem Fenster zu lehnen: Der Black Friday wird in den nächsten Jahren wahrscheinlich umbenannt. In Kauftag oder ein anderes Wort.

Hab ich alles verstanden?
Wer sich das fragt, hat Geld nie geliebt.

Geradeaus	
Deichkind	
Veröffentlichung	8. Dezember 2022
Länge	2:54
Genre(s)	Rap, Deutscher Hip-Hop
Autor(en)	Deichkind
Album	Neues vom Dauerzustand

»Geradeaus« ist ein Lied der Hamburger HipHop- und Electropunk-Formation DEICHKIND aus dem Jahr 2022. Es ist auf deren Album *Neues vom Dauerzustand* erschienen und hat aufgrund seines sehr gut gereimten Textes und der schön rhythmisiert akzentuierten Melodie eine straighte Fasziniertheit beim Fan und den Machern erfahren.

Das Lied enthält folgende Worte (in alphabetischer Reihenfolge): »Aber Alle Alles alles am Anfang Antwort auch auf aus ballert Bauch bei Beine bekommt bestellen Bin bin blendest Blick boss breit Carrier D da dann das den Der der Dexter dicker Die die Digger, Doch Du du durch Durchdrehen, durchgehen, dünn Egal egal ein eine einfach Ende er es Felgen Fleck flippe Folgt fragst fragst, Fuck Ganz geboren: geh gehe geht gehts gepimpt Gerade gerade geradeaus gerne gesetzt, Gestern gewinnt habe handle Heute hier hin? Hundegebell Ich ich Im Immer immer Immer, in ist it, Ja, Jetzt jetzt Jetzt! kamen Kein Kenne Klar kommt, Kopf korrekt Kurs Kurz kurz lautet Leben Lebensallee lese like links los mal Meine meine Mic mich mir Morgen Motivation muss nach Navi neue News nice nicht nicht, noch nur Ohren ok Quellen rechts Regen Richtung ruh rühren schauen Schlauch Schnaps, Schnee schnell schön sind Sneaker so Spotify Stampfe steht Stelle stellen stimmt Story Tanke tanke Tee Tellen Trotzdem Und und uns verloren verpeilt vom von voran vorn Walke Walken walkt, wann was weg Wehweh Wellen wende wenn Wer wie wieder Wir wir yes zurück«.

Wie üblich bei der Formation setzt der Song sich kritisch mit was auseinander, aber bounct auch voll fett. Es geht inhaltlich um Sachen, die »gerade aus« und auch »geradeaus« sind, legt also den Fokus stark auf die Leerstelle und wie diese heutzutage an Macht gewinnt. Ist sie vorhanden, meint das Wort was ganz anderes als vorher. Dieses Vorgehen gemahnt an Moses, wie er das Meer teilt und auch diesen lustigen Fingertrick, wenn man kleinen Kindern durch geschicktes Moven der Hände suggeriert, dass der Daumen teilbar ist.

Musikalisch klingt das ein bisschen wie »I like to move it« von früher, aber auch mit Zwischentönen und so ne Art Chor. Dieser wurde wahrscheinlich elektronisch erzeugt. Hinten ertönt zur das Ohr schmeichelnden Unterstützung eine moderne Flöte, die einen richtig donalden würde, wäre sie nicht so herrlich schlaff gespielt. Gitarre und Harfen fehlen völlig, ist aber okay, echt okay, ist ja deren Entscheidung, *no front* jetzt an dieser Stelle an die Musikanten! Wandelt man die Musik grafisch um, entsteht folgendes Bild:

Das Video der Firma AUGE ALTONA ist gewohnt aufwendig, obgleich nicht überladen inszeniert. Pointiert nimmt die Regie aktuelle Trends wie Salz ins Auge und reibt es schön rein in die Pupille: Der Wahn, mit übergroßen Autos zu wenden und alles zu blockieren, ist ebenso Thema wie die Landung auf dem Roten Platz in Moskau mit einer Cessna oder Wagenrennen irgendwo unten in einem Bunker. Mit dem Schriftsteller WLADIMIR KAMINER nimmt ein Stargast teil und schaut mimisch eindrucksvoll den Chemtrails, die es natürlich nur im Film gibt, hinterher. Die Moves beim Rappen sind Bewegungen mit allen Gliedmaßen, unterstützend dazu arbeiten die Lippen.

Die Rezeption von »Geradeaus« in der Menschheit ist vielfältig. Beispielsweise wird ein Kommentar unter dem Video »Wow! Leider geil« lauten, ein anderer »Freu mich auf das Konzert« oder irgendwas mit »früher« und »besser«. Das Lied kann warm, aber auch kalt genossen werden. Es empfiehlt sich dazu ein wunderschöner Urlaub oder ein tiefes Gespräch.

Dasselbe Denken

Leicht legt sich mein graues Haupt auf die Fensterbank. Meine an den Nägeln täglich angekaute Hand streicht mir behutsam von der Stirn nach hinten. Die schöne Haut meines mittealten Gesichts wird durch feine Falten langsam bewegt – allmählich lächelt mein Antlitz.

»Immer wieder dasselbe denken«, murmele ich und lächele dazu. Meine Hühnerbrust hebt sich unter kräftigen Atemzügen. Ich sitze ganz fest am Küchentisch, die Frühstücksreste lungern noch darauf rum und das Internet ist schamlos aufgeblättert. Meine grauen Augen glänzen, und es murmelt wieder mein Mund: »Immer wieder dasselbe denken!«

Die Stimmung ist seltsam. Das Gemach ist so freundlich hell, aber ich weiß, dass es im Keller dunkel ist. Der Tisch fußt ruhig und die Stühle stehen, als warteten sie auf hohen oder niedrigen Besuch. Ich denke an früher, weil man meistens, wenn man denkt, an früher denkt. Da sah die Welt ja auch noch anders aus.

»Logisch«, stimme ich mir selber zu. »Alles war viel frischer. Ich glaube, damals dachte ich wirklich täglich dasselbe. Ob ich das nicht wieder lernen kann? Es ist so klug, immer wieder dasselbe zu denken.«

Still sitze ich da. Und denke immer wieder dasselbe. Auch nicht so einfach, ich merke, dass meine Gedanken abschweifen wollen. Denke aber immer dasselbe. Und lächele im Plural.

Davon müsste man mal einen Screenshot machen. Nein, lieber nicht.

Aus: Fledermaus – The wireless Säugevogel, *unveröffentlicht.*

Zeit, um Stellung zu beziehen

Die Winterzeit steht an! Die eigene Uhr wartet, dass sie Samstag endlich wieder angefasst und umgestellt wird. Aber wie herum – wird sie vor- oder zurückgestellt? Das kann sich kein Schwein merken. Können wir eine Stunde länger tagen bzw. nächtigen? Oder haben wir nicht mehr Zeit, sondern weniger?

Damit wir nicht zu viel nachdenken müssen, habe ich Korinthenpflücker die besten Eselsbrücken aus dem Internet geklaubt, dem Ort, wo die Welt sich infotaint. Das Ergebnis:

Im Frühjahr stellt man sich ständig total versaute Sachen VOR. Im Winter geht die Libido ZURÜCK.

Okay, klar, für geschlechtsreife Frauen mit Charme-Intelligenz eine sinnige Merkhilfe. Aber was ist mit Kindern?

Im Sommer wird die Uhr vorgestellt. Sommer, vor – beides »o«. Im Wünter wird die Uhr zurückgestellt – beides »ü«.

Alles klar, wie funny, hihi! Und wie merkt der eigentliche Beherrscher der Welt, der Mann, sich den verdammten Zeitumstellungskram?

Im Frühjahr dehnt sich bei Männern die Badehose – die Uhr wird vorgestellt. Im Herbst, wenn es wieder kälter wird, zieht sich der Pillermann in der Badehose zusammen – die Uhr wird zurückgestellt.

Prima, dann haben wir ja was für jede Zielgruppe! Scheint alles also ganz einfach. Aber wie merkt man sich, was VOR ist und was ZURÜCK? Noch easier, Leute!

Einfach mal besoffen hinfallen. Das ist wahrscheinlich VOR. Wenn man jetzt ein wenig brechen muss, dann kommt das Essen ZURÜCK.

Prost!

Der zweite Text zur Zeitumstellung? Erstaunlich. Auch für mich selbst. Mache mir viel Gedanken über die Zeit. Was ist Zeit, gibt es nur eine oder gar viele? Wieso haben wir Uhren? Wann fängt Zeit an? Was ist zu spät? Das System der modernen Zeit hat die Menschheit ja der Eisenbahn zu verdanken. Ja, dem Schienenwesen. Die Eisenbahn ist nämlich auf eine exakte zeitliche Planung angewiesen. Ich erkläre es gerne: Systembedingt kann ein Schienenfahrzeug anderen Zügen nicht ausweichen, richtig? Um aber Auffahrunfälle oder die Begegnung auf freier Strecke verhindern zu können, ist man auf genaue Uhrzeiten angewiesen. Man musste also – als die Eisenbahn kam – auch alle Uhren entlang einer Eisenbahnstrecke synchronisieren. Sonst wäre es zu tausenden Crashs gekommen! Deswegen haben wir dieser Synchronisierung nicht nur die Fahrpläne zu verdanken, sondern überhaupt so etwas wie Uhrzeiten. Verbindliche Uhrzeiten. Uhrzeiten, die in Stuttgart ebenso gelten wie in Hamburg. Würde man sich nach dem Sonnenstand richten, also der natürlichen Zeit, wäre 12 Uhr mittags in Stuttgart ja viel später als 12 Uhr mittags hunderte Kilometer entfernt! Es gab im übrigen zeitweise zwei unterschiedliche Zeitsysteme. Gleichzeitig! Nämlich die lokale Ortszeit und die sogenannte Bahnzeit. In vielen Bahnhöfen gab es zwei Uhren! Dies nur mal nebenbei.

Porepp – Das Foto

Jetzt sitzt du schon wieder hier den ganzen Tag allein in deinem Geschäft. Porträtfotografie, vier Bilder vier D-Mark. Heute wollte sich noch keiner fotografieren lassen, dabei ist es schon halb fünf. Warum gibst du nicht auf?

Es wird eh keiner kommen. Wer soll sich schon fotografieren lassen von einer dreiundvierzig Jahre alten Kamera?

Das sieht man doch schon von außen, dass das hier nicht auf dem neusten Stand ist.

Und dass du so einfach vor der Tür stehst, ist doch für einen Dienstleister kein gutes Zeichen.

Hat der nix zu tun? Warum hat der nix zu tun? Hat der nix zu tun, weil er nicht gut darin ist, was er tut? Was tut der eigentlich? Ach ja, Fotos, Porträtfotos. Brauche ich neue? Nein, ich will mich nicht bewerben, der Pass gilt noch, der Führerschein auch und der Ausweis für die Bücherhalle braucht kein Foto, also ich muss da nicht hin. Der Besitzer steht ja auch da eh den ganzen Tag vor der Tür und macht sicher keine guten Fotos.

Das denken die Leute!

Also mach doch deinen Laden zu. Kauf dir einen Schrebergarten. Und häng das Fotografensein an den Nagel. Es bringt ja nix. Zwei Kunden in einem Monat. Wenn's hoch kommt.

Und dann, auf einmal: Das Geräusch von Stöckelschuhen auf der Straße. Helles Frauenlachen. Sie kommen näher: zwei Frauen und zwischen ihnen ein Mann.

Eine brünett, eine blond, beide lange Haare, ein Wahnsinn, wie die aussehen. Beide voll in Abendkleidung, die eine sogar mit einer Flasche Schampus in der Hand. Den Typ kannste erst nicht erkennen. Er hat den Kragen hochgeschlagen, dazu ein Hut, ist ja auch schon dämmrig draußen.

Sie kommen rein, mit ihnen Parfüm, aber so richtig teures. Die haben alles: Geld, Erfolg, Macht, denkst du, was wollen die hier bei dir? Wechselgeld für den Zigarettenautomaten? Nach dem Weg fragen? Aufs Klo?

»Sie machen Fotos?«

Mein Gott, *das* fragt die Blondine! Fotos, Fotos, natürlich machst du Fotos!! Dein Leben lang hast du Fotos gemacht. Früher Hunderte, Tausende, jeden Tag. Erst in der Lehre, dann selbständig mit eigenem Atelier in Winterhude. Es lief, die Leute brauchten Fotos. Passbilder für die neuen Ausweise, Währungsunion, das neue Auto, die Reisen der Deutschen nach Italien, da braucht man einen Reisepass usw. Alle brauchten dich. Jetzt braucht dich keiner mehr. Das war alles einmal. Anno dunnemals.

Und die drei wollen Fotos? Jetzt?

»Ja, Porträts! Vier Bilder. Von mir.« Sagt *er*. Die beiden Damen kichern.

In diesem Augenblick erkennst du die Stimme.

»Können Sie das machen? Jetzt?«

Wofür braucht der die? Vier Passfotos? Jetzt, an einem Donnerstag, schon fast abends? Du bietest allen Stühle an. Sind aber nur zwei in deinem Atelier. Schnell noch den dritten aus der Teeküche hinten holen. Die drei setzen sich im Dreieck zusammen und trinken erst einmal ihren Schampus. Die Frauen sind schon ganz schön angeschickert, denkst du. Und er? Ganz ruhig mustert er dich, während du die Kamera an ihrem schwenkbaren Stativ runterfahren lässt. Ist gar kein Film drin, okay, aber du hast noch welche. Hol sie, Porepp, hol sie!

»Sind das Farbfotos?«

Gute Güte, *natürlich* sind das Farbfotos, so hinterm Mond ist dein Atelier nun auch nicht. Du hast noch die guten Agfa 1213er.

»Sie müssen aber Ihren Hut abnehmen, Herr Bürgermeister.«

Macht er. Die Blondine kichert, die Brünette zündet sich die nächste an.

»Und darf ich fragen, wofür die sind?«

Stille. Er zieht unmerklich seine Augenbraue hoch. Die beiden Frauen starren dich an.

»Sie dürfen, was Sie dürfen.«

Seine Stimme klingt wie ein Reibeisen, denkst du, obwohl du gar nicht weißt, was ein Reibeisen ist. Zu viel Krimis gelesen. Von links beugt sich die Rauchende nach vorne und zieht ihre Schuhe aus. Was soll das jetzt? Was du darfst, darfst du?

Hühnerauge, lacht sie. Aber nur ein ganz kleines. Ein Kückenauge quasi, kichert sie. Alle drei lachen.

Du bist fertig mit Filmeinlegen, Stablampe justieren, den Staub von der Linse wischen. Könnte losgehen.

»Wissen Sie, was morgen für ein Tag ist?«, fragt er.

Die Stimmung wird schlagartig wieder ernst.

Nein. Doch natürlich. Freitag. Freitag der Vierzehnte. Das hast du dir gemerkt, weil man sich ja immer Freitag der Dreizehnte merkt, aber morgen ist Freitag, der Vierzehnte, das kann man sich genauso leicht merken wie Freitag der Dreizehnte. Freitag der Fünfzehnte wär schon schwieriger, da wüsste man dann nicht mehr, ob man die Eselsbrücke noch trägt. Aber Freitag der Vierzehnte, das ist morgen.

Du sagst: »Freitag, der Vierzehnte.«

»Stimmt. Und?«

Und? Was wollen die von dir?

»Gehen Sie wählen?«

Natürlich wählst du. Jedes Mal wählst du. Du kennst nicht mal einen einzigen Nichtwähler. Weil du denkst, alle wählen, auch wenn nur noch zwanzig Prozent wählen. Wahlen sind für dich Gelegenheiten, dass die Welt was von dir will. Sie fragt dich um deine Meinung und das sogar schriftlich und mündlich. Im Wahllokal freust du dich immer über die Fragen »Wo wohnen Sie, sind Sie Heinz Porepp, zeigen Sie mal ihren Ausweis«, und dann kannst du ihnen deinen Ausweis zeigen, den du dir extra vor jeder Wahl neu ausstellen lässt, weil du neue Passfotos von dir machen kannst, die die freiwilligen Wahlhelfer noch nicht vom letzten Mal kennen.

Ist morgen etwa Wahl? Nein, das ist doch immer sonntags. War doch auch erst neulich. Bundestagswahl. Und Bürgermeisterwahl. *Bürgermeisterwahl!* Das isses, neulich ist er doch wiedergewählt worden.

Und jetzt sitzt er hier und will Fotos. Dringend.

»Ich werde morgen vereidigt. Und zur Vereidigung muss man neue Passfotos mitbringen. Das weiß keiner. Ist aber so. Können wir loslegen?« So viel hat er die ganze Zeit noch nicht am Stück geredet.

Flink und routiniert schießt du vier exzellente Porträts vom Bürgermeister. Er kann wieder aufstehen. Seine Zeit braucht er sicher für andere Sachen, du hast nur knapp vier Minuten dafür gebraucht. Wenn du eins kannst, dann das. Das weiß auch der Bürgermeister, das wissen auch seine Begleiterinnen, die einfach mal so 200 Mark auf den alten Tresen legen.

Gelassen lässt du es liegen. Einstecken sieht gleich so hektisch aus.

Ein knappes »Danke« von ihm. Die Brünette haucht dir noch von hinten ein gutturales Wort wie »guter Mann« in den Nacken. Als sie die Tür aufmachen, weht ein plötzlich warmer Abendwind herein.

Ob er dich weiterempfiehlt? Dem jetzigen Vizebürgermeister in vier Jahren sagt, wo er seine Passfotos zur Vereidigung hat machen lassen?

Sicher. Du bist dir sicher.

Und schließt die Tür, um endlich mal wieder allein sein zu können. Die Blonde hat ihre Schuhe vergessen. Sie kommt bald zurück.

Porepp – Die Frau

Du hast umgesattelt. Das mit den Fotos lief ja nicht mehr so. Zu wenig Fotos in zu viel Tagen. Aber Porträtmalerei, das läuft doch immer. Das ist doch eine gute Idee.

Und mehr nehmen kannst du auch. Das Bild, das du malst, ist ja größer und viel wertiger. Ein richtiges Kunstwerk ist das.

Man hängt dich jetzt auf, Porepp!

Und klebt dich nicht mehr nur ein, ganz klein, in Pässe, die dann verknautschen mit dir in Hosentaschen oder mitgewaschen werden.

Wieso gabs überhaupt immer vier Fotos auf einmal? Was soll das? Wahrscheinlich hat das dein Geschäft kaputt gemacht, fällt dir jetzt auf. Was soll man immer mit vier Fotos?

Eins fürs Amt oder die Bewerbung und die anderen drei wandern in den Sekretär, wenn wieder eins gebraucht wird. Kein Wunder, dass es nicht lief, was?

Du schüttelst den Kopf, Porepp, dass du da nicht eher drauf gekommen bist. Klare Sache: Du hast den Markt kaputtfotografiert mit Quantität für zu wenig Geld.

Aber jetzt bist wieder obenauf.

Die neue Idee ist so viel besser als gut. Die ist genial. Porträtmalerei. Ein Bild zwanzig Mark. Keine Technikkosten mehr, keine Filme, keine Abzüge, kein Strom, keine Fehlversuche. Genommen wird, was gemalt wird. Und malen, das kannste.

Hat ja auch schon dein Vater gesagt. Dein Vater war Augenarzt. Deine Mutter Augenärztin. Die hatten doch einen Blick dafür, was ein Kind kann.

Die Staffelei steht jetzt, die Pinsel sind gekauft, die Farben schön trocken und voll.

Dass gestern keiner kam, lag wohl an was anderem. Mensch, Porepp, das lag daran, dass Sonntag war.

Du musst lachen.

Natürlich. Sonntag kann ja keiner reinkommen, ist ja zu.

Sonntage sind für dich wie Montage, wie für dich Donnerstage wie Dienstage sind: egal. Aber jetzt im Porträtmalereigeschäft gibt es wieder Wochenenden.

Die Frau hast du nicht kommen sehen.

Steht einfach da vor der Staffelei, die Türklingel aber hat keinen Ton von sich gegeben.

Sie ist sehr groß, sehr kurvig. Wie deine Mutter. Hat einen überdimensionierten Hut auf und schaut dich dringend an.

»Können Sie mich malen?«

Ihre Stimme klingt wie. Klingt wie, denkst du, klingt wie. Manche Stimmen klingen wie. So wie manche Joghurts *wie* etwas schmecken. Also nicht nach Erdbeere oder Himbeere, sondern *wie* Erdbeere oder Himbeere. Einen eigenen Wie-Geschmack haben, den man unter Tausend erkennen würde, aber von dem man niemals sagen würde, das *ist* Erdbeere oder Himbeere, sondern immer nur *wie* Erdbeere oder Himbeere.

»Ich fragte, ob Sie mich malen können?«

Ihre Stimme klingt noch dringender, aber auch schön.

Natürlich, sagst du, du bist Porträtmaler, natürlich kannst du sie malen.

Ja, ein Porträt brauche sie. Genau das.

»Auch nackt?«

Du bist verwirrt. Jedes Gesicht ist nackt, wenn man es malt. Sonst sieht man ja nichts. Du nickst zögernd.

Sie seufzt und wirft kokett einen Blick an die alte Resopaldecke deines Ladens.

War darunter nicht so Stuck? Das würde doch viel besser passen jetzt zu der Malerei. Einfach runterreißen die Verkleidung und alles freilegen. Man muss das ja wohl gar nicht mehr verputzen – hat dir neulich ein Handwerker im Laden erzählt. Die jungen Leute verputzen ja nichts mehr, irgendwann sind wir Mörtler und Verputzer arbeitslos. Die lassen alles so, angeraut und brüchig. Wegen der Geschichte, dann erzählt die Wand eine Geschichte, sagen sie. Und Geschichten erzählen lassen, wollen alle ihre Wohnungen und Cafés.

Ach so! Jetzt kapierst du es: Sie will sich ausziehen! Sie will wohl einen Akt von sich selber.

»Bitte nehmen Sie Platz«, weist du auf das alte Sofa an der Wand.

Sie bedankt sich, löst die Strumpfbänder, entledigt sich des Kostüms und der Wäsche, nur der Hut bleibt auf.

Behutsam empfiehlst du ihr die richtige Sitzposition. Das eine Bein über das andere geschlagen, der Kopf leicht gesenkt, der Oberkörper muss und soll etwas gedreht werden. Genau so.

Du feuchtest den Pinsel an, streichst die Leinwand glatt und malst sie.

Schon nach wenigen Minuten wird sie unruhig. Warum du denn so lange brauchst. Und warum du anscheinend Querformat malst?

Was sind das für Fragen?

Sie springt auf und schaut auf die Leinwand.

»Das ist ja wohl die Höhe, Sie Ferkelsau! Ich sagte Porträt! Sie malen mich ja ganz!«

Charmant und weltmännisch versetzt du sie. Sie bekomme doch nur das Gesicht.

Eine Sekunde oder drei passiert nichts. Sie steht in ihrer schönen Nacktheit vor der Staffelei, empört atmend. Du legst nochmal zwinkernd den Kopf schief und machst: »Hm?«

Sofort entspannt sie sich, legt kokett einen Finger auf die Lippen und nickt. »Ach so, logisch«, sagt sie. »Ist ja logisch.«

Dann lässt sie sich sehr schnell wieder in ihre Kleidung gleiten, wirft dir noch den Hunderter zu, den du nicht wechseln musst, und verlässt das Atelier.

Draußen steigt sie in ein Cabrio ein. Weiß wie der Schnee, das Auto scheint noch unberührt, voller Versprechen.

Sie winkt und ruft: »Pack bis morgen deine Sachen, ich fahr dann mit dir bis ans Ende der Welt.«

Porepp ist das größte Fragezeichen in der Hamburger Porträtmalerei. Ich fand einst seinen Nachlass, einen Koffer. Inhalt: Tagebücher, eine Korrespondenz mit der Hamburger Senatskanzlei, Utensilien, Notenblätter, Briefe, Skizzen, Tonbandaufnahmen – und sehr viele Gemälde mit Augen. Ich habe dann das Leben des vergessenen Universalgenies versucht wieder zusammenzusetzen, unter anderem mit diesen beiden Geschichten. Die meisten Revolutionen in der Malerei passieren im Stillen.

Die Unglücksformel

Manchmal möchte man sich das ganze Gesicht zuhalten und nicht nur Nase und Ohren oder die Augen schließen. Die ganze törichte Desaströsität mit den Ursprüngen Geld, Macht und Geschlechtsverkehr wäre weg. Nur der Regen fällt und die gut gelaunte Sonne dampft in ihn rein. Schade, dass man diesen Zustand erst im Altenstift erreicht, wenn man auf den Parkplatz guckt. Das Leben ist doch etwas lang für seine Würze.

Älter, aber Fidel

Mick Jagger ist maulig. Diesmal nicht wegen Keith Richards, sondern wegen Obama. Man könne doch gemeinsam performen, lässt der mächtigste Mann der Welt über seinen Presidential Modern Entertainment Campaign Manager ausrichten. In Kuba. Auf dem riesigen Sportfeld der Ciudad Deportiva in der Hauptstadt Havanna geben die Stones ihr erstes Konzert in diesem lange isolierten Land. Er sei zufällig zur selben Zeit dort, Mitte/Ende März.

»Fuck! Wir haben das sechs Monate geplant mit dem Konzert! Und jetzt kommt dieser Nassauer daher und will nochmal ein paar hippe Credits abgreifen, indem er bei uns mitspielt. Ausgerechnet auf Kuba!« Jagger nimmt einen tiefen Schluck aus der innen goldbedampften Edelmineralwasserflasche und regt sich im Stile eines Arbeiterkämpfers auf. »Da könnten wir nochmal richtig wichtig werden! Das hat noch keiner geschafft: Für umme vor 200 000 Sozialisten spielen! Das bringt uns wieder auf die Landkarte der wichtigen Bands! Das teil ich doch nicht mit dem ersten schwarzen Präsidenten, der hat doch genug Gratiscredibility!«

Der Rest der Gruppe döst derweil gelassen weiter im Loungebereich hinter der Bühne. Sie sind irgendwo in Lateinamerika auf ihrer America-Latina-Olé-Tour. Der Live-Tour zur Exhibitionism-Ausstellung mit fünfhundertfünfzig raren original Rolling-Stones-Devotionalien, *delivered by DHL*. War das grad Chile oder São Paulo? Mexiko? Egal, Hauptsache backstage sind die Organspendeausweise zusammen und leicht zugänglich.

Sie wissen es ja alle in der Band seit vierundfünfzig Jahren: Good ole Mick hat einen hohen Blutdruck und eine kurze

Zündschnur. Er bekam nie genug Befriedigung. Aber in der Sache hat er auch irgendwie recht. Ron Wood nickt mit dem Kopf. Selbst Keith glaubt im eigenen Resthirn eine theoretische Zustimmung zu des Sängers Meinung zu erkennen.

Was kann man machen? Obama sagen, nö, deine *black music* passt nicht so zu den Stones, lass mal? Scheidet bei einer Band, die ihre frühe DNA aus Rhythm 'n' Blues zusammenklaubte, wohl aus. Oder: Nein, sorry, Barackman, wir haben in Havanna ausnahmsweise keine Gäste geplant? *Just Stones, pure false and clean dirty.* Wirkt auch nicht gerade überzeugend oder vaterlandstreu.

»Aber wir sind doch eigentlich aus London, oder?« Zum ersten Mal seit beinahe dreißig Jahren fällt Keith Richards auf, dass sie Engländer sind und keine Amerikaner. Charlie Watts lacht sein berühmtes synkopiertes Stones-Lachen, die Zunge nie zusammen mit der Snare schnalzend. Die Stimmung ist merkwürdig wirr. So viele Gedanken hat man sich seit der Telekom-Werbung mit *Paint It Black* nicht mehr gemacht. Verdammte Hitze auch hier in Uruguay oder Buenos Aires. »Was will er denn spielen, der Obama?«, fragt Wood plötzlich. Seine Stimme ist getränkt von Millionen Jack Daniels und ewiger zweiter Gitarre. Alle überlegen so angestrengt, dass ihre Gesichter ganz runzelig werden. Ihnen geht auf, dass Clinton der Typ mit dem Saxofon war, aber Obama, der spielt doch gar kein Instrument! Sondern? Der tanzt gern. Und singt dann mit. Singt!

Sofort dreht Mick wieder im roten Bereich und zeigt seine berühmte Zunge: »Ich singe, ich alleine! Ich bin der Sänger der Stones! Ich bin fit wie ein Sechzigjähriger! Fidel wie Castro! Ich will das allein machen! Wir spielen seit achtunddreißig Jahren erstmals wieder in einem Land, in dem der Staatspräsident älter ist als wir. Das ist Rekord!«

Rekord wird das Konzert eh, deshalb hat man es ja auch angesetzt: Erste westliche Gruppe in Kuba seit dem Sozialismus. Größtes Konzert *for free* der Stones ever. Jüngste Gruppe in Havanna seit dem Ende des Buena Vista Social Clubs. Und so weiter. Und nun also die feindliche Übernahme durch einen Mann, der in seiner Amtszeit auch nicht dicker wurde. Wie die Stones selbst. Also nein, muss nicht sein, muss überhaupt gar nicht sein. Wieder sinnieren die Vier vor sich hin. Die Stille erscheint seniorig, aber man darf eine Band wie die Stones nie unterschätzen.

»Ich hab's!« Der Maximo Leader der Glimmer Twins quakt auf. »Wir ändern unsere Kubapläne ein bisschen um. Aus Solidarität mit den Idealen der Revolution!« Jagger kommt salonbolschewistisch wieder in Fahrt: »Was ist Pünktlichkeit? Ich sag's euch: Pünktlichkeit ist Kapitalismus! *Survival of the fittest, just in time, time is money!* Termine einhalten ist Sympathie für den Teufel!« Fragend schauen Wood, Watts und Richards ihren jumpin' Mick an. Was der wohl wieder meint? Also genau meint. »Wir spielen unser Konzert nach Obamas Besuch! Aufschieben ist sozial! Veränderung ist Fortschritt, seien wir realistisch, versuchen wir das Unmögliche. Die Uhr macht unfrei. Ich ruf den Castro an. Wir verlegen das einfach um vier Tage!« Eine revolutionär einfache Idee. So simpel wie alle guten Ideen. Backstage gönnen sich nun alle erleichtert eine Zigarre. Wahrscheinlich auch aus Kuba. Dem Land, *where the Beatles played not first*. Nun liegen die Stones wieder vorn im ewigen Spiel gegen die Frisurköppe aus Liverpool.

Keith, der gerade die amerikanischen Präsidentschaftsvorwahlen im Fernsehen verfolgt, kommt noch eine weitere Idee: »Jungs! Wenn der Trump gewinnt, sind wir die ersten, die in Nordkorea spielen werden!« Dann lacht er wie eine Hyäne mit Mundgeruch.

2016 spielten die Rolling Stones erstmals auf Kuba. Wegen Barack Obama mussten sie ihr Konzert verschieben. Das gab eine Menge Stress hinter den Kulissen. Für die ZEIT schrieb ich das auf. Satte 69 Kommentare gab es zum Artikel. Manche haben den Witz verstanden, manche den Ernst.

Liebe Hobby-Atheisten

Erweisen Sie sich mal als tolerant und machen Sie mit bei der duftenden Christmas-Chose, dem *handmade* Trendfest!

Es ist ganz *pippieeierleicht*: Einfach die Baracken einladen, mit denen man seine Kindheit verbracht hat. Was zu Futtern besorgen. Zum Beispiel was vom Fleischtier. Oder Schoki. Die Geformte nehmen wegen der Atmo. Dann raus in den Wald und heim mit einem schönen Harzilein. Sofort kommt festliche Stimmung auf, Fernseher am besten gleich auf Sichthöhe einstellen.

Dann Wein bis zum Rotwerden erhitzen. Nelken eintrocknen, Gefühle mumifizieren, Zimtstangen aus dem Arsch.

Nu ist Weihnachtszeit, *yes, it is!*

Am wichtigsten: Geschenke! So nennt man Waren, wenn man sie anders nennen will, weil man gefühlig drauf ist. Das passiert jedem mal, ist nicht böse gemeint von Gott, dem Vater von dem jahrelangen Hänger, dem wir das alles zu verdanken haben. Hätte er doch mit seinem Sohn mehr *quality time* verbracht! Später ist man immer schlauer.

Jedenfalls: Geschenke sind zum Fest wie die Merkel des Jahres für Amerikaner! Einfach selberkaufen und *crafty* rüberkommen.

Service

Darf ich Ihnen zur Selbsterkenntnis das Wort Arschloch anbieten?

Beste nicht justiziable Beleidigung. Bitte gezielt verwenden. Danke.

Die Nachteile von Geld

ZUWENIG: Ja, eben.

ZUVIEL: Ebenfalls ein Minusgeschäft: Fördert nur niedere Instinkte und unvorteilhafte Charakterbildung (Döpfner, Pink Floyd, Musk).

BITCOIN: Modernes Shithole, vollkommen unbrauchbar am Einkaufswagen-Terminal bei Aldi und der Platzwahl im Champions-League-Finale.

BEI SENIOREN: Unnötig versteckt in Rente, Rollator und Handtasche.

ALS BERUHIGUNGSMITTEL: »Macht allein nicht glücklich!« Aha, brauchst offenbar noch andere.

IM AUTOMATEN: Eine derartige Isolationshaft ist Folter und Mord. Free money!

GELIEHENES: Unlogisch – gehört einem erst, wenn man es zurückgibt.

WASSERZEICHEN: Voll der Fail: Hilft null in der Wüste.

MÜNZEN: Erst merken, dass man sie nicht essen kann, wenn der letzte Baum gerodet, der letzte Fluss vergiftet, der letzte Fisch gefangen ist? Dann bin ich tot. Danke.

VERNIEDLICHUNGEN: Bedeuten in Wirklichkeit alle was anderes.

EURO: Unbeliebt in tollen Städten (London, Prag, Stockholm).

IM DEUTSCHRAP: Verdrängt textlich oft die anderen geileren Sachen wie Ichfindung, Damals-war-alles-noch-Themen und andere Rapper.

ZEITLICH: Nur vor Ladenschluss verwendbar. Lame!

ALS WASSERERSATZ: Nur für alte Enten in Speichern interessant.

IM FUSSBALL: Schießt keine Tore.
SEXUELL GESEHEN: Erotik für Fabrikanten, Börsenmogule, Unfair-Trader.

Bitte paypalen Sie mir geldwerte Vorteile noch heute auf gereon@nobistor.net. *Sie bekommen eine nachteilsfreie Mail zurück. Vielen Dank!*

D CHKIND

Brillanter Coverentwurf für eine DEICHKIND-Platte.
Unverständlicherweise von der Band abgelehnt.

PS: Carsten the Meyer

Viele Platten vieler Künstler haben anscheinend das Ziel zu langweilen, und zwar am liebsten mit profunden Tönen, die so aneinandergereiht sind, dass eben komischerweise exaktamente der STIL DER ZEIT am Ende triumphierend seine Klauen schon in die ersten – noch unschuldigen – Takte hineinrammt.

Einer, der diesen Fehler nicht macht, von Anfang an nie gemacht hat, ist Carsten EROBIQUE Meyer, der sich im Laufe seines Lebens seinen eigenen STIL DER ZEIT so schmeißfliegenabtötend und voller Liebeslove zur Musik, zu Menschen und zu Menschenmusik erschuf, dass man meinen könnte, er sei die Seele selbst. Offenbar ist er das auch!

Denn mit seiner (unter eigenem Namen zweiten, die 700 Kollaborationen mal schön im Vorratsschrank zum Immerwiederrausholen kühl gestellt wie ein saftiges Eis oder zwei) Platte namens »No.2« beweist er es aufs herrlichste: Die Melodien am vordergründigen Hintergrund, die selbstverständlichste Darbietung von Harmonie ohne Manie, Spaß an der Freude und DIY-Disco für dankbare Tänzer – auf der Platte ist das alles vorhanden. Und der Kinderchor singt »… und noch ganz viel mehr!« – das Werk erfüllt sämtliche schlaraffenartigen Erwartungen nach 25 Jahren!

Mich persönlich, so sei noch an diesem Elogen-Ende ohrenzwinkernd hinzugefügt, macht es sehr froh, dass Carsten der Erfolg längst hinterherläuft und er trotzdem noch den Quatsch mit Soße macht und mit sensiblen Arschtritten den übelsinnigen Kappes der Welt auf den Standstreifen zu kicken vermag, wie nur er es kann. Erobiques »No.2« ist eine Platte, die mit Zustimmung von Sonne, Gott und selbstverständlich Euch erdacht, gespielt und zusammengestellt wurde.

Für seine wundervollen Zeichnungen für dieses Buch bedanke ich mich sehr bei Carsten. Er ist die beste Sonne in jedem Schatten.

Gereon Klug wurde dort geboren, wo der Vater von Rubens im Knast saß (in Siegen). Er war dann zweimal Schallplattenhändler (in Göttingen und Hamburg), betrieb ein Label (mit Studio Braun), fuhr ewig auf Tour (mit Rocko Schamoni), schrieb ein Musical (mit Andreas Dorau) und Texte für Deichkind. Er erfand ein kochbares Kochbuch und garte als Restauranttester, Werbetexter, Kolumnist oder Podcaster einiges gut durch. Weitere Hobbyberufe in seinen Spezialdisziplinen Humor und Musik folgten. Seine unter dem Pseudonym Hans E. Platte verfassten Hanseplatte-Newsletter erschienen 2014 als Buch (»Low Fidelity«), 2016 gab er die tonnenschwere Studio-Braun- Werkschau »Drei Farben Braun« heraus. Für das Miniaturwunderland Hamburg verfasste er später zwei Kinderbuchromane (2021/22). Gereon Klug lebt und sammelt Schallplatten in Hamburg. Bis heute hält er die »Useless Machine« (das Gerät, deren einzige Funktion darin besteht, sich selbst auszuschalten), für die beste Erfindung aller Zeiten. Bald gründet er ein Museum.

Daniel Borgeldt
Cheyenne
Tarantino meets deutsche Provinz – ein Coming-of-Age-Roman als Noir-Krimi

Jan Off
Liebe, Glaube, Hohngelächter
Kurzgeschichten mit reichlich Wortwitz und Lust an der Eskalation

Chrizzi Heinen
Tropicalia Passagen
Ein Roman mit außergewöhnlichem Blick auf Musik, Literatur und das wirkliche Leben

Bernd Begemann
Gib mir eine zwölfte Chance
Ausgewählte Songtexte mit Anmerkungen und Erläuterungen von Bernd Begemann

www.ventil-verlag.de